Wasser – Das Lebenselixier

D1665812

Ulla Kinon

WASSER – DAS LEBENSELIXIER

Wie Sie mehr aus dem wichtigsten Lebensmittel machen

Ebenfalls im FALKEN Verlag erschienen:
Das Wasserspar-Buch (Nr. 1788)
Thalassotherapie (Nr. 2156)
Gesundheit und Schönheit aus dem Meer (Nr. 60425)
Die Titel sind überall dort erhältlich, wo es Bücher gibt.

Der Text dieses Buches entspricht den Regeln der neuen deutschen Rechtschreibung.

Dieses Buch wurde auf chlorfrei gebleichtem
und säurefreiem Papier gedruckt.

Weitere Informationen zum Thema Wasser erhalten Sie bei:
Ulla Kinon, BEARA CIRCLE, Castletownbere, Co. Cork, Irland, Fax: 00 3 53-27-7 07 45

Originalausgabe
ISBN 3 635 60395 3

© 1998 by FALKEN Verlag, 65527 Niedernhausen/Ts.
Die Verwertung der Texte und Bilder, auch auszugsweise, ist ohne Zustimmung des Verlags
urheberrechtswidrig und strafbar. Dies gilt auch für Vervielfältigungen, Übersetzungen,
Mikroverfilmung und für die Verarbeitung mit elektronischen Systemen.
Umschlaggestaltung: Zembsch' Werkstatt, München
Gestaltung: Lohse Design, Büttelborn
Redaktion: Anja Schmidt, München/Sabine Weeke
Herstellung: Torsten Hellbusch
Titelbild: Tony Stone, München/Derke/O'Hara
Abbildungen: dpa, Frankfurt/Backhaus-Pohl (S. 42); **FALKEN Archiv**, Niedernhausen
(S. 23); **JF Jutta Fischer**, Fallingbostel (S. 81); **Ulla Kinon**, Castletownbere, Irland (S. 8, 20,
72, 75); **Lotos Aktivfilter Siegfried Schneider**, Bremen (S. 78); **MJR**, Hamburg (S. 30, 64);
Reinhard-Tierfoto, Heiligkreuzsteinach-Eiterbach (S. 15, 16, 53, 57, 86); **Daniela Schneider**,
Frankfurt (S. 10, 13); **Vichy**, Bruchsal (S. 60)
Satz: Studio Bandur, Bad Camberg
Druck: Wiesbadener Graphische Betriebe GmbH, Wiesbaden

Die Idee und der Inhalt dieses Buches flossen aus verschiedenen Quellen; die enthaltenen
Informationen sollen weitergereicht werden; sie sind gedacht als Basis für persönliches
Handeln, eigene Forschungen und politisches Umdenken.

Die Ratschläge in diesem Buch sind von der Autorin und dem Verlag sorgfältig erwogen und
geprüft, dennoch kann eine Garantie nicht übernommen werden. Eine Haftung der Autorin
bzw. des Verlags und seiner Beauftragten für Personen-, Sach- und Vermögensschäden ist aus-
geschlossen.

817 2635 4453 6271

Inhalt

Vorwort 7

Einführung 9

Das Wasser unserer Erde 10
Die Physik des Wassers 12
    Wasser gehorcht seinen eigenen Gesetzen 12
    Wasser als Informationsträger 14

Mensch und Wasser 17
Der Wassergehalt unseres Körpers 17
Psychosomatik des Wassers 19

Krank durch Wassermangel 21
Weshalb Wasser über Gesundheit oder Krankheit entscheidet 21
    Hoher Blutdruck 23
    Niedriger Blutdruck 24
    Herzschmerzen 25
    Lymphprobleme 25
    Verdauungsbeschwerden 27
    Nieren- und Blasenprobleme 33
    Rheuma 35
    Allergien 36
    Stress und Angst 36
Ein kleiner Test 37

Wasser als Krankheitsursache 38
Allergien 38
Intoxikation 40

Wasser als Heilmittel 42
Meerwasser 42
Mineralwasser, Quellwasser, Heilwasser 47
Leitungswasser 51
Bäder 52
  Kräuter-Badezusätze 55
  Bäder-Varianten 58
Weitere Wassertherapien 60

Wasser als Informationsträger 65
Homöopathie 65
Materie informiert Wasser 70
Energie informiert Wasser 71
Strukturen informieren Wasser 71
  Lichtwässer 73
  THE Water 75

Aufbereitung von Leitungswasser 76
Die Kochmethode 77
Filter 77
Umkehr-Osmose 78
Ionenaustauscher 79
Destillation 80
Levitiertes Wasser 80
Martin-Wirbler 81
Energetische Verfahren 82

Vom Umgang mit Wasser 83
Sparmaßnahmen 84
Verschmutzung vermeiden 85
Vorratshaltung 85
Wassertherapien der Zukunft 86

Anhang 87
Weiterführende Literatur, Bezugsquellen, Ausbildungskurse 87

Vorwort

Des Menschen Seele gleicht dem Wasser:
Vom Himmel kommt es,
zum Himmel steigt es,
und wieder nieder zur Erde muss es,
ewig wechselnd.

Goethe

Ich liebe das Meer, die Wolken und das Wasser in seinen unendlich vielen Formen, Aktivitäten und Anwendungsmöglichkeiten. Diese Liebe hat mich vor vielen Jahren in eine irische Küstenstadt geführt, die inzwischen zu meiner wahren Heimat, meiner Kraftquelle und meinem Arbeitsplatz geworden ist. Hier habe ich – mit Blick aufs Meer – meine ersten Bücher geschrieben und hier eröffnete ich 1994 zu meinem sechzigsten Geburtstag das BEARA CIRCLE, ein ganzheitlich konzipiertes Zentrum in den alten Gebäuden eines ehemaligen Klosters. Die vielen hohen hellen Räume haben offensichtlich auf uns gewartet! Jetzt beherbergen sie eine große Naturheilpraxis, ein Vollwertrestaurant, Gästezimmer, Unterrichtsräume und eine wunderbare Kapelle, die öffentliche Konzerte ebenso ermöglicht wie ein privates Zurückziehen.

Das wichtigste Element des ganzen Hauses ist wieder das Wasser: Unter dem Gebäude habe ich eine uralte Zisterne mit einem „besonderen" Wasser wiederentdeckt; unser Therapietrakt enthält eine Bädereinrichtung, eine Colon-Hydro-Station und eine große Sauna; den Gästen steht jederzeit unser *THE Water* zur Verfügung – und durch den Garten fließt ein lautes Bächlein, das Meditierende begleitet, Kinder zum Spielen einlädt und uns energetisch mit dem nahen Meer verbindet.

Die erstaunlichen Erfahrungen, die ich immer wieder mit dem Medium Wasser machen durfte, haben nun dazu geführt, dass ich dieses Wissen in Form des vorliegenden Buches vielen Menschen weitergeben

Beara Circle – ehemaliges Kloster, Therapiezentrum und Heimat von *THE Water*

darf, die hoffentlich ebenso erstaunt, ehrfürchtig und neugierig die beschriebenen Phänomene nachvollziehen werden.

Panta rhei, alles fließt. So mögen die nachfolgenden Ausführungen einen neuen Fluss von Gedanken, Möglichkeiten und Veränderungen lebendig werden lassen, der nach seiner Erfüllung einmünden wird in das große Meer aller Erkenntnisse, die mit ihren Wassern die Zukunft unserer Erde bestimmen.

Ulla Kinon, im Winter 1997/98

Ich widme dieses Buch meinem Sohn und Partner Axel Kinon, dessen wichtigstes Lebenselement das Wasser in all seinen Formen und Möglichkeiten war.

Einführung

Leben entstand aus dem Wasser, der menschliche Körper besteht zu einem Großteil aus Wasser und wir benötigen für unseren Stoffwechsel täglich gutes, klares Wasser. In alten Zeiten entstanden Gemeinschaften immer nur in der Nähe von Süßwasservorräten aus Quellen, Flüssen oder Brunnen; Wasser als wichtigstes Lebensmittel war geachtet, geschützt und heilig; die Menge und die Qualität des Trinkwassers entschieden über die Gesundheit und die Größe der Gemeinschaften; das Wasser der Seen und Flüsse, des Grundwassers und des Regens war Allgemeingut wie die Luft und die Meere.

Heute wird Wasser als Wirtschaftsfaktor missbraucht, mit Industriemüll überladen und in unseren Haushalten sinnlos verschwendet. Das Wasser, das wir von unseren Wasserwerken kaufen müssen, ist sicher angemessen keimfrei, hat aber mit dem ursprünglichen, lebendigen Wasser von früher nicht mehr viel gemeinsam. Immer mehr Krankheiten entstehen durch die chemischen Zusätze, die Metallbelastungen aus den Rohrleitungen und die wachsende Zahl von synthetischen Rückständen, die auch ein modernes Wasserwerk nicht herausfiltern kann. Viele Haushalte haben sich Reinigungssysteme zugelegt oder kaufen Trinkwasser in Flaschen als Notlösung, wobei aber die Aufnahme von Fremdstoffen über die Haut beim Baden und Duschen oft vergessen wird.

Ich werde in den folgenden Kapiteln viele Hinweise geben, wie jeder von uns mithelfen kann, unsere Lebensbasis Wasser zu schonen, zu achten und zu verbessern. Wenn ich unbedacht das Gemüse aus dem Supermarkt kaufe, bin ich mitverantwortlich für die Herstellung und den Einsatz von Insektiziden, Pestiziden, Genmanipulationen sowie die damit verbundene Grundwasserbelastung. Allein über unser Kaufverhalten haben wir einen ungeahnten Machtfaktor in unseren Händen, der mit entscheidet über die Zukunft unseres Wassers – und damit auch über unsere Gesundheit und die unserer Kinder.

Das Wasser unserer Erde

Etwa 70 Prozent der Erdoberfläche – das sind zirka 1,4 Milliarden Kubikkilometer – bestehen aus Wasser, wovon jedoch 97,5 Prozent als Salzwasser vorkommen. Von dem kleinen Rest an Süßwasser ist das meiste wiederum als Wasserdampf in der Atmosphäre oder in Gletschern und Eis gebunden.

Die verbleibenden 0,3 Prozent der Gesamtwassermenge wären aber absolut ausreichend, um uns, alle Tiere und die Pflanzen der Erde mit genügend guter Flüssigkeit zu versorgen. Durch den Kreislauf des Wassers mithilfe der Sonnenenergie über Verdunstung, Regen und das Ver-

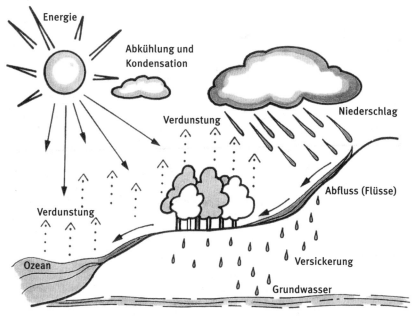

Wasserkreislauf

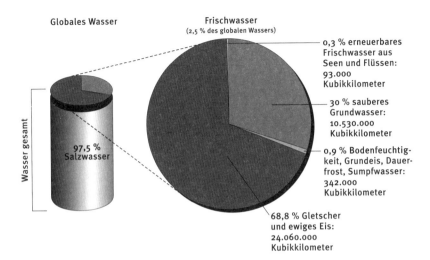

Die Wasserverteilung weltweit

sickern durch Erd- und Gesteinsschichten stand uns über alle Zeiten sauberes, lebendiges Wasser zur Verfügung. Heute wird durch unsere moderne Lebensweise und das Anwachsen der Bevölkerung nicht nur wesentlich mehr Wasser verbraucht, sondern gleichzeitig geht durch die Begradigung unserer Flüsse und das Zubetonieren unserer Landschaft sehr viel kostbares Regenwasser verloren.

Flusswasser wird für die Schifffahrt und durch Talsperren für die Stromgewinnung missbraucht; das kostbare Regenwasser von unseren Dächern fließt über die Kanalisation oft ebenso naturwidrig zusammen mit Schmutzwasser in die gleichen Flüsse, deren Endziel immer ein salziges Meer ist.

Vereinzelt gibt es schon private Bemühungen, im eigenen Haus zum Beispiel das Brauchwasser weiter für die Toilettenspülung zu verwenden, das Regenwasser des Dachs sinnvoll in Haus und Garten zu nutzen oder in einer kleinen Kläranlage das Brauchwasser selbst zu regenerieren anstatt es (teuer!) als Abwasser zu entsorgen.

Vielleicht dämmen wir die enorme Wassermenge bei der Papierherstellung ein, indem wir unsere Tageszeitung mit Freunden teilen, oder tauschen das tägliche Vollbad gegen eine Wasser sparende Dusche und betätigen die Toilettenspülung nach Bedarf?

Auch bei der Einnahme von synthetischen Medikamenten, besonders von Hormonen, sollten wir immer daran denken, dass die Rückstände und „Informationen" dieser Stoffe auch in den Wasserkreislauf gelangen und heute in Seen, im Grundwasser und im Meerwasser bereits zu neuen unlösbaren Problemen führen.

Ist unser Bewusstsein erst einmal wach gerüttelt, werden sich in jeder Familie, jeder Schulklasse, jeder Firma und jeder größeren Gemeinschaft sicher viele sinnvolle und zukunftsweisende Möglichkeiten finden, wie wir zum Erhalt und zur Regeneration unseres Erdenwassers persönlich beitragen können.

Die Physik des Wassers

Wasser gehorcht seinen eigenen Gesetzen

Die Grundformel für ein Wassermolekül ist bekanntlich H_2O, das heißt, es besteht aus zwei Atomen Wasserstoff und einem Atom Sauerstoff, die in einem bestimmten Winkel miteinander verbunden sind, zumindest im gasförmigen Zustand. In der flüssigen Form werden die Strukturen sehr viel komplizierter, man spricht von Flüssigkristallen mit variablen Bindungen, in Abhängigkeit von inneren und äußeren Einflüssen. Die Beeinflussbarkeit des Wassers und seiner Strukturbildung ist sein eigentliches Geheimnis, das auch heute noch viele Fragen offen lässt.

Nach den Gesetzen der Physik müsste Wasser mit einem Molekulargewicht von 18 eigentlich bei −80° Celsius sieden und bei −100° Celsius gefrieren, aber wir alle wissen, dass es bei +100° Celsius kocht und bei 0° Celsius gefriert. Wasser hat bei +4° Celsius seine größte Dichte und dehnt sich als Eis dann wieder um zehn Prozent aus. Deshalb ist Eis leichter als Wasser und schwimmt auf ihm, daher platzen Wasserflaschen im Tiefkühlschrank ebenso wie die Zellen von stark wasserhaltigem Obst und Gemüse.

Ein Wassermolekül besteht aus den positiv geladenen Wasserstoffatomen und dem negativen Sauerstoffatom, die relativ fest miteinander verbunden sind, wodurch reines Wasser ein schlechter elektrischer Leiter ist.

Wasser hat eine Oberflächenspannung, die die Tropfenform des Regens ermöglicht, die kleine Tiere auf ihm laufen lässt und durch die es selbst relativ schwere Gegenstände tragen kann. Diese Oberflächenspannung wird möglich durch die Kraft, die die Wassermoleküle zusammenhält. Die gleiche Kraft bewirkt aber auch eine Anziehung von festen Substanzen, man bezeichnet dies als Adhäsion oder Benetzen, wobei der Grad dieses Benetzens von der jeweiligen stoffspezifischen Oberflächenspannung abhängt und von der Temperatur.

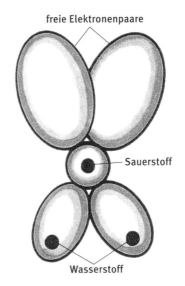

freie Elektronenpaare

Sauerstoff

Wasserstoff

Chemischer Aufbau eines Wassermoleküls

Dieser Prozess spielt eine wichtige Rolle bei der Aufschließung unserer Nahrung: Die Verdauungssäfte haben eine relativ geringe Oberflächenspannung und können sich leicht mit der aufgenommenen Nahrung verbinden. Trinken wir während des Essens kaltes Wasser mit einer hohen Oberflächenspannung, werden die Verdauungssäfte verdünnt und ein ausreichendes Benetzen, das heißt Aufschließen der Nahrung, wird behindert.

Trinken Sie eine halbe Stunde vor oder zwei Stunden nach den Mahlzeiten ausreichend gutes, reines Wasser und versuchen Sie einmal, dieses Wasser – ohne Kaffee- oder Teezusätze – heiß zu sich zu nehmen, wie es im Ayurveda (dem indischen Gesundheits- und Heilsystem) empfohlen wird. Besonders morgens nach dem Aufstehen fehlt unserem Körper Flüssigkeit; heißes, reines Wasser wird besonders leicht und schnell vom gesamten Zellsystem aufgenommen.

Wasser als Informationsträger

Das Prinzip aller Dinge ist das Wasser;
aus Wasser ist alles,
und ins Wasser kehrt alles zurück.

Thales von Milet

Die innere Struktur des Wassers ist ständig in Bewegung (Brownsche Bewegung) und bildet dabei große variable Cluster, die wir vereinfacht als ein Gebilde von einzelnen Wassermolekülen bezeichnen können und bereits durch die unterschiedlichen Formen der Schneeflocken kennen.

Diese Fähigkeit der Molekülstrukturierung gibt dem Wasser die Möglichkeit, sehr sensibel auf äußere Einflüsse zu reagieren, seien dies nun elektromagnetische Felder, das Material oder die Form des Aufbewahrungs- und Transportgefäßes, die Fließgeschwindigkeit, die Temperatur, die unterschiedlichen Frequenzen von Farben und Tönen und natürlich der Gehalt an organischen und anorganischen Inhaltsstoffen.

Wenn eine Pflanze, ein Tier oder ein Mensch gewöhnliches Wasser aufnehmen, müssen zunächst die jeweils „passenden" Cluster geschaffen werden, ehe die Wassermoleküle in das bestehende System integriert werden können. Deshalb ist nicht nur die Menge, die wir aufnehmen, sondern auch die Qualität unseres Trinkwassers von lebenswichtiger Bedeutung!

Da wir wissen, dass Wasser alle Arten von Informationen aufnehmen und weitergeben kann, benötigen wir ein Wasser, das nicht nur chemisch rein ist, sondern das auf der einen Seite frei von negativen, krank machenden Informationen ist und uns auf der anderen Seite ausreichend lebendige, energiereiche Frequenzen zuführt. Ich werde später noch detaillierter auf diese Notwendigkeit eingehen, da uns das Wissen um diese Gesetze oft den persönlichen Schlüssel gibt für unser eigenes Verhalten oder für eine sinnvolle energetische Verbesserung unseres Wassers.

Aus der Homöopathie wissen wir, dass hohe Potenzen (zum Beispiel eine C 200) ohne nachweisbare Moleküle der Ursubstanz eine stärkere, länger anhaltende Wirkung verursachen als niedrige Potenzen (zum Beispiel C 4) mit einem relativ hohen Gehalt an Wirkmolekülen. Der Kör-

Raureif

per reagiert auf die Information, nicht auf die molekulare Struktur. Es ist wie der Schlüssel zum Schloss, wie das geschaltete Signal, das den Verkehr „nur" mit Farben regelt.

Natürlich werden heute von wissenschaftsgläubigen Menschen und wirtschaftlichen Interessengruppen diese energetischen Zusammenhänge und empirischen Erkenntnisse pauschal abgelehnt, ignoriert oder lächerlich gemacht. Dr. Benveniste hat noch in jüngster Zeit wegen seiner diesbezüglichen Forschungen viel Hohn und Ablehnung erfahren müssen, nachzulesen in „Das Gedächtnis des Wassers" von M. Schiff.

Machen Sie selbst zu Hause einen einfachen Test: Nehmen Sie drei oder vier Glasflaschen oder Gläser mit einem guten, neutralen Wasser wie beispielsweise *Mont Roucous, Vittel* oder *Volvic*. Bestreichen Sie die Flaschen/Gläser mit unterschiedlichen Plakafarben oder bedecken Sie sie mit gefärbten Seidentüchern. Dann stellen Sie alles für einige Tage ins Helle, am besten in die Sonne (ohne UV-Licht blockierende Fensterscheiben). Danach probieren Sie die Wässer: Jedes hat einen deutlich veränderten Geschmack bekommen, es „fühlt" sich unterschiedlich an und man hat den Eindruck, dass das blau bestrahlte Wasser im Vergleich zu dem beeinflussten eine kühlere Temperatur hat.

Diese Veränderungen beweisen, dass Wasser Frequenzen – in diesem Fall Farben – aufnehmen und als gespeicherte Information weitergeben kann. Alle wasserhaltigen Nahrungsmittel haben ähnliche Fähigkeiten, ganz besonders unsere Milch sowie Obst und Gemüse, weshalb pasteurisierte Milchprodukte kaum noch vom Körper aufgenommen werden können und künstlich manipuliertes Obst und Gemüse uns diese synthetischen Fehlinformationen mitessen lässt.

Und schließlich gehen diese lebensfeindlichen Frequenzen während des Herstellungsprozesses und nach dem Verlassen unseres Körpers ins Grundwasser, wo sich die unzähligen Informationen sammeln, potenzieren und immer konzentrierter in unserem Trinkwasser erscheinen.

Wassertropfen auf einem Blatt – eine Augenweide

Mensch und Wasser

Der Wassergehalt unseres Körpers

Der menschliche Körper besteht zu zirka 50 bis 80 Prozent aus Wasser, wobei der Wassergehalt von der Geburt bis zum Tod ständig abnimmt – dies ist ein lebensnotwendiger, seelisch-körperlicher Verdichtungsprozess, der auch durch das Trinken von großen Wassermengen nicht aufgehalten werden kann.

Die einzelnen Körperbereiche haben einen unterschiedlichen Wassergehalt: das Blut besteht zu zirka 85 Prozent aus Wasser, die inneren Organe zu 70 Prozent; das Fettgewebe enthält 10 bis 30 Prozent, die Knochen haben 22 und die Zähne immerhin noch 10 Prozent Wasseranteil. Das Körperwasser hat vielfältige komplexe Aufgaben zu erfüllen, für die unterschiedliche Inhaltsstoffe und Strukturen nötig sind. Deshalb fließen Blut und Lymphe in gesonderten Gefäßen und sind durch semipermeable (halbdurchlässige) Membranen von den Zellen getrennt. Wir unterscheiden das intrazelluläre Wasser, das zirka 70 Prozent des Körperwassers ausmacht, vom extrazellulären Wasser mit einem Anteil von zirka 30 Prozent.

Viele medizinische Forschungen haben sich intensiv mit der Zelle, der Fortpflanzung und dem Zellstoffwechsel beschäftigt, aber nur ganz selten wird das Zellwasser als essenzieller Träger des Lebens, das 75 Prozent des Zellinhalts ausmacht, überhaupt erwähnt!

Diese intrazelluläre Flüssigkeit ist zuständig für die chemischen und enzymatischen Prozesse, für den Stoffwechsel, für den Wasser- und Elektrolythaushalt, für die Temperaturregelung und vieles mehr. Das Wasser innerhalb und außerhalb der Zellen verändert ständig seine Form von flüssig, gelartig bis zu kristallinen Strukturen, je nach den biologischen Bedürfnissen, den aufgenommenen Informationen und den gespeicherten Stoffen.

Der gesamte Wasserhaushalt des Körpers wird gesteuert von Hormonen und den verschiedenen Mineralien und Spurenelementen, aber auch die Niere als Filter- und Ausscheidungsorgan spielt eine wichtige Rolle bei der Regulierung der verschiedenen Flüssigkeiten im Körper.

Heute wissen wir, dass dieses sinnvolle, lebenswichtige Gleichgewicht sehr leicht gestört werden kann durch mangelndes Wasserangebot, übermäßige Ausscheidung, fehlende Mineralien und durch die Überflutung unseres Lebensraumes mit künstlichen elektromagnetischen Frequenzen, die besonders das sensible Hormonsystem tief greifend und nachhaltig schädigen können.

Wassermangel in den Zellen entsteht bereits bei der Aufnahme von unbiologischen Wässern, Getränken und Früchten, wobei sich die Symptome oft gegensätzlich als Ödeme und deutlich gestaute Lymphe zeigen, da unser Körper diese denaturierten Flüssigkeiten einfach nicht aufnehmen, umwandeln und entsprechend ausscheiden kann. Wir kennen die dicken, mit Kunstmilch ernährten Kleinkinder und die vielen übergewichtigen Menschen, deren Körper durch täglich zugeführte Allergene oder Toxine mit einem extremen Lymphstau und entsprechenden körperlichen Symptomen reagieren.

Übermäßige Ausscheidung finden wir bei vermehrtem Schwitzen durch hormonelle Dysbalance, bei übermäßigem Kaffee- und Teekonsum, bei Alkoholmissbrauch, Darmstörungen und als gefährliche Nebenwirkung bestimmter Medikamentengruppen.

Fehlende Mineralien spielen heute bei der Entstehung von zahlreichen Regulationsstörungen eine tragende Rolle, wobei nicht nur das einseitig vermehrte oder unzureichende Angebot in der Nahrung beachtet werden sollte, sondern auch, dass die Aufnahmefähigkeit des Magen-Darm-Traktes nicht immer gewährleistet ist. Chronische Darmentzündungen durch Allergien, Pilze und Stress behindern nicht nur die Resorption, sondern benötigen zur Heilung oftmals besonders große Mengen einzelner Vitalstoffe. Hier kann und sollte nur ein entsprechend ausgebildeter Therapeut ursächlich, gezielt und mit verfügbaren Bio-Präparaten korrigieren.

Die Reizüberflutung unserer Umwelt mit künstlichen elektromagnetischen Frequenzen wird bei der Suche nach krankheitsauslösenden Faktoren meistens noch nicht beachtet. Wir wissen aber bereits, dass das Hormonsystem, die Gehirnströme, die Aufnahme von Calcium, das Zellwachstum und viele weitere Funktionen unseres Körpers durch diese Frequenzen geschwächt und gestört werden können. Unser Zellwasser ebenso wie das Wasser in unseren Flüssen und Meeren nimmt diese künstlich hergestellten Informationen zwangsläufig auf und gibt sie wiederum weiter an die gesamte organische und anorganische Welt.

Psychosomatik des Wassers

Wasser hat in allen Kulturen, Religionen sowie in der Psychologie eine enge Beziehung zur Seele. Die Psychosomatik ist die Lehre von den Verknüpfungen von Seele (Psyche) und Körper (Soma); sie ist die Seelensprache, die sich als Ausdrucksform körperlicher Symptome bedient. Es ist wichtig und oft Leben rettend, diese so genannte Organsprache verstehen zu können, um bei der Heilung von Beschwerden und Krankheiten den auslösenden Impuls, diesen „Schrei der Seele", nicht zu übersehen bzw. zu überhören.

Die individuelle Aufgabenstellung jedes einzelnen Menschen macht es auch erklärbar, warum sich in einer Familie bei fast gleicher Nahrung und gleicher Umgebung bei einer Person eine Allergie auf das Trinkwasser entwickelt, wohingegen der andere übersensibel auf die Schimmelpilze im Bad reagiert und der Dritte über Schlafstörungen klagt, wenn im Winter die elektrische Heizung eingeschaltet wird.

Alle körperlichen Symptome, die mit Wasser, Blut, Lymphe, Urin, Speichel und Schweiß zusammenhängen, zeigen uns so deutlich, dass im seelischen Bereich Veränderungen erforderlich sind, die sich im Körperlichen zwingend Aufmerksamkeit verschafft haben.

Eine gestaute Lymphe macht deutlich, dass der „seelische Mülleimer" überläuft und die täglichen Sorgen, Ängste und Ärgernisse nicht mehr ausreichend ausgeschieden oder verarbeitet werden können. Ein erhöhter Blutdruck zeigt, dass der seelische Druck weit über die persönliche Norm gestiegen ist und dringend ein Ventil oder eine Pause benötigt. Auch das Glaukom – der erhöhte Druck des Augeninnenwassers – ist jetzt leicht zu deuten als eine seelische Situation, der man nicht mehr „ins Auge sehen" möchte. Und wenn mir etwas „an die Nieren" geht, sollte ich nicht nur einfach ein entsprechendes Mittel einnehmen, sondern unbedingt gleichzeitig auch die damit verbundenen seelischen Probleme zu lösen versuchen.

Wenn ich mir „vor Angst in die Hose mache" oder mir der „Angstschweiß auf der Stirn steht", werde ich sicher leicht den Auslöser dazu finden und versuchen, ihn in Zukunft abzustellen oder zu meiden. Aber wenn ich beispielsweise jahrelang wertvolles Lebenswasser verliere durch klimakterische Hitzewallungen, dann sollte neben der naturheilkundlichen Behandlung mit Pflanzen- und Mineralstoffen auch gezielt psychologische Hilfe gesucht werden.

Und wenn ein Jugendlicher noch jede Nacht einnässt, muss dieses „nächtliche Weinen der Seele" unbedingt ernst genommen und mit fachmännischer Hilfe getrocknet und getröstet werden.

Der beste Garant und Anzeiger für eine lebendige Gesundheit ist das Blut, seine Zusammensetzung, Fließeigenschaft, Temperatur, seine Aufnahmekapazität für Sauerstoff und seine Entgiftungsfähigkeit.

Für ein gutes, Leben spendendes Wasser gelten ähnliche Kriterien: es sollte reich an positiven Energien sein, sich noch an das ungehinderte Fließen „erinnern" können und in der Lage sein, einen ständigen Stoffaustausch zwischen den Zellen, zwischen den Menschen und zwischen den Welten herzustellen.

Das lebendige Wasser eines Bergbachs

Krank durch Wassermangel

Weshalb Wasser über Gesundheit oder Krankheit entscheidet

Viele Krankheitssymptome und daraus resultierende ernsthafte Gesundheitsprobleme haben als einzige (!) Ursache einen Mangel an ausreichender Körperflüssigkeit, das heißt an Zufuhr von gutem, energiereichem Wasser. Die Schulmedizin kennt nicht mehr die vielfältigen Anzeichen eines „inneren Verdurstens", einer Dehydrierung, und die Pharmaindustrie ignoriert dieses Wissen aus nur zu verständlichem Profitdenken.

Die Bürokraten unseres Gesundheitswesens werden vom Staat, also unter anderem von den Steuern der Pharma-Riesen, bezahlt und haben deshalb wenig Chancen, in die explodierende Kostenspirale von Krankenhäusern und Kassenärzten aufklärend einzugreifen. Aber der Betroffene, Sie als Leser dieses Buches und die wachsende Zahl von ganzheitlich denkenden Therapeuten haben die Möglichkeit, die im Folgenden aufgeführten Anzeichen von Wassermangel mit seinen Folgekrankheiten zu erkennen und anschließend ursächlich und meist kostenlos nur durch das Zuführen von gutem Wasser in ausreichender Menge zu heilen.

Da der größte Teil unseres Körpers aus Wasser besteht, wäre es eigentlich logisch und folgerichtig, das Wasser auch als wichtigsten Faktor bei der Beurteilung einer Gesundheitsstörung zu berücksichtigen. Wie viele Ärzte haben Sie während einer Konsultation nach Ihren Wasser-Trinkgewohnheiten gefragt? In welchem Biologiebuch und vor allen Dingen in welchen Büchern mit Diagnose- und Therapie-Hinweisen wird auf das Thema Wasser überhaupt eingegangen? Aber Unkenntnis schützt auch hier nicht vor „Strafe", das heißt vor Befindlichkeitsstörungen und ernst zu nehmenden Krankheiten.

Wenn den Seeleuten früher durch einen Mangel an Vitamin C die Zähne ausfielen, so kommt dies heute dadurch, dass man die Ursache erkannt hat, praktisch nicht mehr vor. Gleiche biologische Zusammenhänge finden wir für immer mehr Vitamine, Mineralien, Aminosäuren und Spurenelemente – und können dadurch oft auch so schwer wiegende Krankheiten wie Multiple Sklerose, Neurodermitis, Rheuma und Depressionen bessern oder sogar heilen, „nur" durch das Zuführen von individuell fehlenden Vitalstoffen in einer verfügbaren biologischen Form und in der notwendigen Dosierung.

Für durch Wassermangel ausgelöste Krankheiten gelten die gleichen Gesetze, die Therapie ist aber leider so einfach und Kosten sparend, dass sie vielleicht noch lange außerhalb der Schulmedizin angesiedelt bleiben wird. Währenddessen leiden wir unter einem Defizit an Vitalstoffen trotz übervoller Teller, unsere Körperzellen verdursten trotz einer gut funktionierenden Trinkwasserversorgung ...

Bei allen akuten, besonders aber bei chronischen Schmerzen sollten Sie – möglichst vor der Einnahme von Schmerzmitteln – unbedingt einen Versuch mit einer erhöhten täglichen Wasserzufuhr machen. Bei akuten Beschwerden können Sie laufend schluckweise warmes Wasser trinken, bei chronischen Schmerzen genügt es, die Trinkmenge langsam zu steigern und gleichzeitig den Genuss von Kaffee und Tee einzuschränken, da Coffein neben vielen anderen Schäden leider auch die Wasserausscheidung über die Nieren negativ beeinflusst.

Blut als lebenswichtiges Transportorgan sowie das damit eng verbundene Lymphsystem sind in ihrer Zusammensetzung und ihrer Funktionsfähigkeit von einer ausreichenden täglichen Wasserzufuhr abhängig. Das Gefäßsystem ist ein geschlossener Kreislauf mit dem Herzen als Pumpstation, wobei die jeweils aktiv arbeitenden Organbereiche vermehrt durchströmt werden – auf Kosten der gerade weniger geforderten Körperbereiche. Wenn während und nach einer Mahlzeit das Blut in die Verdauungsorgane fließt, bleibt ein kleineres Blutvolumen für das Gehirn und die Muskeln übrig, was wir alle durch eine allgemeine körperliche und geistige Müdigkeit nach dem Essen kennen. Hier verstellt der Körper sinnvoll die Weichen, um mit der von Natur aus angebotenen Flüssigkeitsmenge eine jeweils optimale Arbeit leisten zu können.

Steht dem Körper aber ständig zu wenig Wasser für die Bildung von Blut und Lymphe zur Verfügung, sind alle mit diesem System verbundenen Funktionen nur noch eingeschränkt durchführbar und es entstehen vielfältige Krankheitssymptome, die bei unserer heutigen Apparate- und Chemie-Medizin oft nicht als bloße Wassermangelstörungen erkannt werden. Dann wird mit großem Aufwand symptomatisch therapiert, ohne dass Arzt oder Patient überhaupt einmal an den lebenswichtigen Faktor Wasser denken.

Die persönliche Trinkmenge ist sehr individuell, da die Ausscheidung über die Nieren (Urin), den Darm (Stuhl), die Haut (Schweiß) und die Atmung bei jedem Menschen unterschiedlich ist und auch abhängt vom Lebensalter, dem Hormonhaushalt und der Umgebungstemperatur. Es ist für den Körper ein großer Unterschied, ob er zwischen den Hauptmahlzeiten frisches reines Wasser und/oder wasserreiche sonnengereifte Früchte bekommt, da beides leicht in körpereigenes Wasser umgewandelt werden kann; oder ob ihm denaturierte Säfte, Kaffee, Cola etc. angeboten werden, die erst durch körpereigene Reinigungsprozesse für die Zellen resorbierbar gemacht werden müssen.

Hoher Blutdruck

Wenn Sie unter zu hohem Blutdruck leiden, sollten Sie die tägliche Wassertrinkmenge langsam steigern, wobei die Ausscheidungen über die Nieren unbedingt kontrolliert werden müssen: die Urinmenge sollte knapp der Menge der aufgenommenen Flüssigkeit entsprechen. Wenn schon blutdrucksenkende Medikamente eingenommen werden, sollte möglichst der Arzt oder Heilpraktiker beratend zur Seite stehen. Ebenso ist es für den Patienten sinnvoll, mit einem eigenen Blutdruckmessgerät den Druck zu verschiedenen Tageszeiten zu kontrollieren und gegebenenfalls die Medikamente zu reduzieren. Neben der Steigerung der täglichen Trinkmenge bitte unbedingt auch testen, welche zusätzlichen seelischen und körperlichen Faktoren eine ursächliche Rolle spielen: Oft werden in diesem Fall Allergene und Toxine vergessen, die Niere als Wasserregulator muß beachtet werden und letztendlich können auch Mängel an Vitalstoffen mitverantwortlich sein für einen chronischen Bluthochdruck.

Niedriger Blutdruck

Bei zu niedrigem Blutdruck kann ohne Gefahr ein tägliches Wasser-Trink-Programm durchgeführt werden, wobei ich diesem Personenkreis das Trinken von heißem Wasser über den Tag verteilt empfehle.

TIPP

Man kocht morgens zirka 1,5 Liter Wasser sprudelnd für zehn Minuten in einem geschlossenen Topf (möglichst nicht aus Aluminium!), gibt es in eine Thermoskanne und trinkt es bis zum Abend aus. Durch den sprudelnden Kochvorgang bekommt das Wasser zusätzliche Energie, seine Oberfläche wird vergrößert und seine Molekülstruktur kann leichter von den Körperzellen aufgenommen werden.

Bei den beiden beschriebenen Blutdruckproblemen geht es psychisch vorrangig um das richtige „Fließenlassen": ohne Über- oder Unterdruck, ohne Blockaden, Ängste oder Wut. Hier ist Wasser ein idealer Lehrer, denn so, wie das Wasser in einer Talsperre seinen aufgestauten Druck in sinnvolle Energie umwandelt, so wird auch ein Mensch mit hohem Blutdruck lernen müssen, seine Lebensenergien wieder harmonisch fließen zu lassen.

Menschen mit niedrigem Blutdruck können sich an dem Bewässerungssystem von Feldern orientieren: Öffne ich dauernd alle Schleusen, werden alle Felder nur mangelhaft mit Wasser versorgt; leite ich das Wasser gezielt von einem Feld zum anderen, werden überall optimale Wachstumsbedingungen geschaffen. Hypotoniker, meist jüngere Menschen, werden durch ihr Körpersymptom aufgefordert, gezielt einzelne Aufgaben nacheinander zu erledigen anstatt zu viel gleichzeitig zu wollen – oft aus dem Wunsch heraus, zu gefallen oder besser akzeptiert zu werden.

Herzschmerzen

Unser Herz benötigt für seine Pumpleistung ausreichend Energie und Flüssigkeit, die ihm über das Blut zugeführt werden. Die logische Schlussfolgerung bei jeder Herzschwäche und leichteren Herzschmerzen ist deshalb, auch an eine mögliche Unterversorgung des Herz-Kreislauf-Systems mit ausreichend Wasser zu denken und dies durch entsprechendes Trinkverhalten abzuklären. Neben Wasser benötigt unser Herz viel Kalium, Magnesium und auch weitere wichtige Vitalstoffe wie zum Beispiel Taurin – die wiederum im Wasser als Transportmedium zur Verfügung gestellt werden.

Aber ebenso wie bei Bluthochdruck und Nierenproblemen darf die Trinkmenge bei Herzpatienten nur langsam – unter Kontrolle der ausgeschiedenen Menge – erhöht werden. Vorsicht ist geboten bei Patienten, die chemische Entwässerungsmittel einnehmen; hier darf und kann nur nach Absprache mit dem jeweiligen Arzt oder Therapeuten eingegriffen werden.

Lymphprobleme

Viele Kinder leiden heute an Entzündungen der Lymphdrüsen im Ohren-, Nasen-, Rachen- und Halsbereich und bekommen häufig als einziges Mittel ein Antibiotikum (*anti* = gegen und *bios* = Leben), es sind also nachweislich gegen das Leben gerichtete Medikamente ... Warum fragt keiner die Kinder oder die Eltern, was denn ihre Lymphe, also ihre Entgiftungsflüssigkeit so sehr überfordert, dass es nur noch über eine Entzündung als Ventil entsorgt werden kann? Viele dieser Kinder trinken keinen einzigen Schluck reinen Wassers pro Tag! Sie bekommen süße, konservierte Säfte, die satt machen, aber nicht den Wasserhaushalt auffüllen und sie trinken pasteurisierte Milchprodukte, auch wenn ihre menschlichen Verdauungsenzyme dieses Fremdeiweiß gar nicht aufspalten können und Milch deshalb bereits als Hauptverursacher von Lymphproblemen erkannt worden ist. Aber die Lobby und die Gewohnheiten sind mächtig und hartnäckig!

TIPP

● Betroffenen mit chronischen Lymphproblemen mache ich folgenden – preiswerten – Vorschlag zur Gesundung: Lassen Sie für sechs Wochen konsequent alle Milchprodukte (auch Käse, Sahne, Joghurt, Schokolade etc.) weg und möglichst auch alle künstlichen Säfte, Tees usw. Statt dessen trinken Sie täglich viel reines Wasser – kalt, warm oder heiß –; auch ungespritztes Obst und Gemüse aus unserer Region gibt dem Körper zusätzliche Reinigungs- und Heilenergien.

Wenn so eine Kur beispielsweise von der ganzen Familie mit Freude durchgeführt wird, kann erstens ein betroffenes Kind schnell und spielerisch heil werden und zweitens werden auch bei den übrigen Familienmitgliedern viele chronische Lymphprobleme wie eine verstopfte Nase, schlechtes Hören, unangenehmer Körpergeruch, Pickel, Ausfluss, eine starke Periode und eine depressive Gesamtstimmung ganz von allein verschwinden.

Dies ist kein Patentrezept bei jeder Form von Lymphproblemen, da noch viele andere mögliche Faktoren eine Rolle spielen können. Aber so eine Wasserkur ist auf alle Fälle eine ideale Reinigung für den Gesamtorganismus; sie kostet nichts, sondern spart sogar noch Geld und gibt uns als Individuen wieder die Möglichkeit, uns selbst eigenverantwortlich um unsere Gesundheit zu kümmern. Vielleicht führt sogar eine ganze Schulklasse solch eine „Selbsterfahrungskur" durch und freut sich dann gemeinsam an der zurückgewonnenen Energie und Lebensfreude?

TIPP

● Noch ein wichtiger Rat an Mütter von Säuglingen: Wenn Ihr Kind zwischen den Mahlzeiten Durst zeigt, gewöhnen Sie es direkt an ein Fläschchen mit frischem, warmem Wasser. Das löscht den Durst, nimmt aber nicht den Appetit und den Hunger für die nächste Mahlzeit, außer-

dem braucht Milch zirka drei bis vier Stunden, bis sie den Magen verlässt, so lange sollte weder Milch noch etwas anderes den Verdauungsvorgang stören. Auch das ständige Nuckeln am Schnuller lässt die Verdauungsorgane nicht zur Ruhe kommen und sollte deshalb gar nicht erst angefangen werden.

Viele Erwachsene können sich einfach nicht mehr vorstellen, dass reines, klares Wasser gut schmeckt – und nach einer kurzen Gewöhnungszeit ein sehr positives neues Lebensgefühl geben kann. Kinder ahmen die Eltern sowieso spielerisch nach, außerdem ist ihr körperliches chronisches Leiden oft ein wichtiger Motivator, dieses natürliche „Medikament" und Lebensmittel Wasser einmal in der vorgeschlagenen Kur auszuprobieren. Wichtig ist, dass während dieser Zeit – und dann möglichst für immer! – die ganzen Kunstsäfte, Limos und Tees einfach nicht im Hause sind oder zumindest besonderen Gelegenheiten vorbehalten bleiben.

Verdauungsbeschwerden

Ein Erwachsener produziert am Tag zirka vier bis sechs Liter Verdauungsflüssigkeit: Speichel, Magensaft, Bauchspeicheldrüsenflüssigkeit und die Gallenflüssigkeit aus der Leber. Diese Säfte werden aus dem Blut gebildet und fließen anschließend über das Blut- und Lymphsystem wieder in den großen Kreislauf zurück.

Eine ausreichende Einspeichelung der gut zerkauten Nahrung erleichtert den Verdauungsorganen ganz wesentlich die Arbeit. Wenn das Essen jedoch vorgemischt per Wasser oder Bier runtergespült wird, erfordert dieses Verhalten anschließend eine wesentlich verlängerte und erschwerte Verdauungsarbeit.

Die ausreichende Produktion von Verdauungssäften ist nur möglich, wenn täglich die erforderliche Menge Wasser zur Verfügung steht. Leider können wir uns nicht immer auf unser Durstgefühl verlassen, da wir oft verlernt haben, diese Signale zu spüren und richtig zu deuten. Wenn wir den Durst zum Beispiel mit Kaffee oder Tee stillen, verliert der Körper dabei sogar noch Flüssigkeit, da Coffein, das auch im schwarzen Tee enthalten ist, die Nierenausscheidung so stark anregt, dass der Körper mehr Wasser abgibt, als er ursprünglich aufgenommen hat. Bei Alkohol entsteht ein anderer, aber ähnlicher Effekt, auch da wird durch die Beeinflussung des Hormons Adiuretin mehr Wasser ausgeschieden, als der eigentlichen alkoholhaltigen Trinkmenge entsprechen würde. Wir erfahren es als so genannten „Nachdurst", wenn der Körper anschließend versucht, seine Wasserspeicher wieder aufzufüllen. Leider gehen bei diesen unangemessen hohen Wasserausscheidungen auch wertvolle Mineralien und Spurenelemente verloren, die die Nieren normalerweise resorbieren würden. Aber gerade diese Salze werden vom Körper dringend benötigt, um den Wasserhaushalt innerhalb und außerhalb der Zellen zu regulieren. Ich sage nichts gegen eine Tasse Kaffee oder Tee zum Genuss oder zur Anregung, aber der Dauerkonsum ist absolut ungeeignet, um den Durst zu stillen oder als Flüssigkeitslieferant.

Heute leiden sehr viele Menschen unter Verdauungsstörungen in Form von chronischen Schmerzen, Entzündungen bis zur Geschwürbildung, Verstopfung und Stoffwechselstörungen wie Diabetes, Gicht oder erhöhte Cholesterinwerte. Für alle diese Patienten, die nicht nur eine eingeschränkte Lebensqualität haben, sondern die Allgemeinheit zusätzlich Unsummen an teuren (und unnötigen!) Medikamenten kosten, sollte eine gezielte Trinkkur und lebenslang ein verändertes Trinkverhalten zur Selbstverständlichkeit werden.

TIPP

Natürlich neigt die Mageninnenwand zu Entzündungen, wenn ihr nicht genügend Flüssigkeit für die Produktion einer schützenden Schleimhautschicht zur Verfügung steht. Probieren Sie es selbst aus: Bei der nächsten Schmerzattacke aus dem Magenbereich trinken Sie stündlich 1/4 Liter warmes Wasser, ohne weitere Medikamente einzunehmen: lässt der Schmerz nach fünf Minuten oder längstens drei Stunden deutlich nach, wissen Sie die Ursache Ihres Leidens und können sich in Zukunft selbst helfen – oder es gar nicht mehr zu solch einem Durstschmerz kommen lassen. Wer weiß heute noch, dass Durst sich auch so bemerkbar machen kann?!

Ähnlich sensibel reagiert auch die Bauchspeicheldrüse mit ihrer Doppelfunktion: Sie ist zum einen zuständig für die Zuckerregulation, das heißt den Kohlenhydratstoffwechsel im Körper über Insulin und weitere Steuerungshormone, zum anderen produziert sie täglich zirka 1,5 Liter enzymreichen Verdauungssaft, der im Dünndarm die Aufschließung der Nahrung und die Neutralisation des sauren Mageninhalts zur Aufgabe hat. Bei Laboruntersuchungen wird dem Patienten oft bescheinigt, dass eine Unterfunktion oder sogar Entzündung der Bauchspeicheldrüse vorliege – aber fast keiner forscht nach den Ursachen und klärt vorbeugend auf, obgleich auch hier die Folgekrankheiten wie beispielsweise Diabetes oder andere oft vermieden werden könnten.

Im Dünn- und Dickdarm spielt sich ein ähnliches Bild ab, auch hier werden für das Aufschließen und Aufnehmen der Nahrungsbestandteile ausreichende Mengen von Wasser benötigt. Fehlt dem Körper dieses Lösungsmittel, können gravierende Mängel bei der Versorgung der einzelnen Organe entstehen. Durch diese Situation können völlig neue Krankheitsbilder auftreten, deren Diagnose und ursächliche Behandlung sich sehr schwierig, wenn nicht unmöglich, gestalten. Jeder Patient, der einen Therapeuten aufsucht – wie auch immer sein Beschwerdebild aussieht –, sollte auf mögliche Mängel an Mineralien, Spurenelementen und Aminosäuren getestet werden. Oft führt die bloße kurzfristige Substitution dieser fehlenden Vitalstoffe, das Absetzen von nunmehr unnötigen chemischen Medikamenten und eine individuelle Ernährungsberatung bezüglich Allergenen und Trinkverhalten zu einer schnellen, ursächlichen und auch sehr kostengünstigen Heilung.

Übrigens verschwinden lästige und belastende Verstopfungsprobleme ebenso leicht mit der nötigen Menge Wasser. Auch die psychische Komponente lässt sich so behandeln: das Festhaltenwollen kann sich leichter mit der entsprechenden Menge Wasser aus der Seele lösen; die alten Verhaltensmuster werden praktisch fortgeschwemmt und es entsteht Platz für Neues. Kinder sollten bezüglich ihres täglichen Stuhlgangs kontrolliert werden, sie brauchen unbedingt genügend Raum und Zeit für dieses wichtige „Geschäft". Ich habe schon mit Patientinnen gesprochen, die nur am Wochenende Stuhlgang hatten, weil es an Wochentagen wegen der Arbeit zeitlich und örtlich angeblich nicht möglich wäre...

Die Rückvergiftung über gestauten Stuhl verursacht Lymphprobleme, Hautunreinheiten, Depressionen, Müdigkeit und kann irgendwann zu schwer wiegenderen Problemen führen, die dann vielleicht nicht mehr nur mit Wasser und einem „stillen Örtchen" geheilt werden können.

Die Colon-Hydro-Therapie

Eine ganz besonders wirkungsvolle Wasseranwendung im Darmbereich stellt die Colon-Hydro-(Dickdarm-Wasser-)Therapie dar, die jedoch in ihrer klassischen Form nur in einer entsprechend eingerichteten Praxis durchgeführt werden kann. Bei dieser Behandlung wird mithilfe eines speziellen Gerätes Wasser unter leichtem Druck in den Dickdarm eingeführt, wobei der Druck, die Temperatur und die Wassermenge ganz individuell auf den Patienten und seine Symptomatik eingestellt werden können. Der Patient liegt während der Behandlung mit leicht angewinkelten Beinen bequem auf dem Rücken, der Therapeut regelt mit einer Hand den Zu- und Abfluss, der in einem geschlossenen System meist völlig geruchlos arbeitet; mit der anderen Hand führt er eine spezielle Bauchmassage durch. Durch diese mechanischen Bewegungen wird das

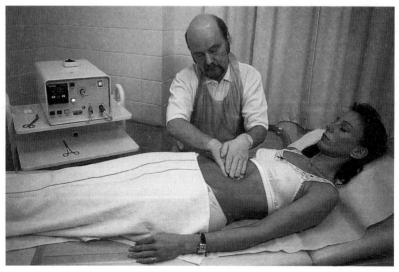

Die Colon-Hydro-Therapie – eine besonders wirkungsvolle Wasseranwendung

Wasser langsam bis zum Anfang des Dickdarms geleitet und gleichzeitig werden alle fest haftenden Schlacken gelöst und zur Ausscheidung gebracht.

Während einer Sitzung wird drei- bis sechsmal der Prozess des Wassereinlaufens, der Massage und des Abfließens wiederholt, was zirka 45 Minuten in Anspruch nimmt. Während der ersten zwei bis drei Behandlungen lösen sich die oberflächlichen Stuhlreste und gehen zusammen mit meist vorhandenen Pilznestern und oft großen Mengen von Gasen ab. Ab der dritten oder vierten Behandlung können auch tiefer liegende, stark verhärtete Kotbrocken erreicht und ausgeschwemmt werden, was sich dann körperlich deutlich zeigt durch mehr Energie, besseren Schlaf, reinere Haut und ein Nachlassen vieler chronischer Beschwerden. Aber auch psychisch spürt fast jeder Patient das Loslassen von alten Ängsten, nicht gelebter Trauer und seelischen Verletzungen, sodass der Behandler möglichst auch kompetent in psychotherapeutischer Gesprächsführung sein sollte. Ich empfehle zirka sechs Sitzungen innerhalb von zwei Wochen; will man das Ganze nach einem Jahr wiederholen, reichen meist drei Behandlungen aus.

Man kann aber auch zu Hause versuchen, mit Einläufen, deren Wassermenge man laufend steigert, und einer sensiblen Bauchmassage die Entgiftung über den Darm anzuregen und zu unterstützen. Lassen Sie sich die Massage einmal zeigen oder massieren Sie anhand eines Anatomieatlases langsam den Dickdarm entlang und spüren selbst deutlich Ihre verkrampften Zonen, Ihre Gasblasen und Ihre verdickten, blockierenden Ablagerungen.

Die Colon-Hydro-Therapie oder intensive Einläufe dürfen nicht während der Schwangerschaft, nach Darmoperationen, bei Dickdarmentzündung oder Divertikeln durchgeführt werden. Das verwendete Wasser sollte so sauber wie irgend möglich sein, da Schadstoffe und Negativ-Informationen natürlich ebenso leicht aufgenommen werden wie beigefügte Teeabkochungen (z.B. Kamille), Bach-Blüten-Essenzen oder homöopathische Heilmittel für den Darm oder gegen die heute häufige Pilzbesiedelung. Gute Colon-Hydro-Geräte haben eingebaute Wasserreinigungssysteme, für die häuslichen Einläufe sollte man ein gutes, reines Flaschenwasser benutzen. Die Darmreinigungskur kann unterstützt werden durch eine Schondiät ohne tierisches Eiweiß, ohne Blähendes und mit möglichst wenig Rohkost – aber dafür mit viel Wasser und speziellen leichten Kräutertees zur Anregung von Leber, Niere und Lymphsystem.

Übrigens finden wir im Bauchraum eine sehr große Anzahl von Lymphknoten, besonders im Bereich des Blinddarms, da hier die aus der Nahrung aufgenommenen Stoffe vor der Aufnahme in das Blutsystem zum Teil vorgefiltert werden. Deshalb bedeutet jede Darmreinigung eine enorme Entlastung für die gesamte Entgiftungsarbeit des Körpers und sollte als altbewährtes „Hausmittel" auch am Anfang jeder Infektion, Magen-Darm-Verstimmung oder Schmerzattacke stehen. Bei fiebernden Kleinkindern genügt oft schon eine kleine Klistierspritze mit lauwarmem Wasser, um zu vermeiden, dass die Beschwerden sich ausbreiten oder chronisch werden. Da hier frühes Handeln ganz entscheidend ist, sollten Sie für sich einen Irrigator und für Ihr Kind eine kleine Gummi-Klistier-Spritze immer im Haus haben.

Eine lebensbedrohliche Situation kann – besonders bei Säuglingen und Kleinkindern – eintreten, wenn diese durch starkes und häufiges Erbrechen sowie Durchfall plötzlich sehr viel Wasser verlieren. So eine extreme Austrocknung kann durch das Versagen der Nierenfunktion oder den Zusammenbruch des Herz-Kreislauf-Systems sehr schnell zum Tode führen und sollte deshalb auch von Eltern frühzeitig erkannt und bis zum Eintreffen des Arztes mit unserem besten Hausmittel Wasser behandelt werden. Da in dieser Situation getrunkenes Wasser oft vom Körper nicht mehr aufgenommen wird, kann hier leicht gesalzenes warmes Wasser per Klistierspritze durch den After eingeführt werden. Der Salzgehalt sollte zirka drei Prozent betragen, das sind drei Gramm Salz auf einen Liter Wasser; es genügt hier aber die Geschmacksprobe, die ungefähr an Tränenflüssigkeit erinnern sollte. Der Arzt, Heilpraktiker oder eine Krankenschwester werden dann noch 250 Milliliter physiologische Kochsalzlösung mit einer dünnen Kanüle langsam in den Oberschenkel injizieren oder – falls nötig und möglich – die Lösung gleich per Tropfinfusion in die Vene geben.

Bei extremem Wasserverlust durch Erbrechen, Durchfall und Hitze darf nie das gleichzeitige Zuführen von verloren gegangenem Salz vergessen werden. Viele Kreislaufprobleme können so leicht mit einer salzhaltigen Brühe „kuriert" werden. Zu viel Salz ist sicher schädlich, aber das ängstliche Meiden von Kochsalz, gerade bei Herz- und Nierenpatienten, sollte immer individuell auf seine Richtigkeit und Notwendigkeit überprüft werden. Die Naturheilkunde erkennt hier oft ganz andere Ursachen und Behandlungsmöglichkeiten und weiß auch das Salz in seiner homöopathischen Form zu schätzen. Es gibt einen sehr alten wahren Spruch: „Wasser und Salz – Gott erhalt's!"

Nieren- und Blasenprobleme

Ein Großteil der aufgenommenen Flüssigkeit wird über die Nieren und die Blase wieder ausgeschieden, der Rest verlässt über den Stuhl, die Atemluft und die Haut unseren Körper. Der so genannte Wasserhaushalt ist ein sehr komplexes körpereigenes System, das durch ein Hormon der Hypophyse, durch den Mineral- und Eiweißgehalt des Blutes, der Zellen und des Bindegewebes und durch die Pumpleistung des Herzens gesteuert wird. Die Nieren als eigentliches Filterorgan reagieren sehr sensibel auf psychischen Stress, auf chemische Giftstoffe, auf eine schwache Pumpleistung und vor allen Dingen auf einen Mangel an Flüssigkeit.

Stress, Ärger und Angst lassen die feinen Nierenkanälchen verkrampfen und die Niere gibt daraufhin hormonelle Impulse für eine Blutdruckerhöhung, um ihrer Arbeit trotz verengter Gefäße ausreichend nachkommen zu können. Wird in dieser Situation rein symptomatisch ein blutdrucksenkendes Mittel gegeben, bleiben entweder zu viele Schlacken im Körper zurück oder die Nieren versuchen verzweifelt, den Blutdruck trotz Medikamente zu erhöhen. Ohne eine ursächliche Therapie führt solch eine naturwidrige Medikation oft zu gefährlichen körperlichen „Ausweichmanövern".

Die heutige hohe Giftbelastung durch unsere Ernährung, durch Medikamente, durch schädliche Zahnfüllungen oder Schmerzmittel zerstört sehr leicht und irreversibel die extrem feinen Nierenkanälchen, sodass diese irgendwann so dezimiert sind, dass eine ausreichende Reinigung des Blutes nicht mehr gewährleistet werden kann. Daher ist jeder persönlich aufgerufen, wirklich nur das aufzunehmen, was er gut und leicht auch wieder ausscheiden kann. Die meisten synthetischen Stoffe können weder in der Leber abgebaut noch in der Niere problemlos ausgeschieden werden; es ist so, als würden wir beim Passieren von Äpfeln durch ein Sieb vorher auch noch Schrauben und Steine untermischen. Die Schadsubstanzen bleiben entweder im Sieb zurück, belasten also den Körper und werden irgendwann in den Gelenken, im Gewebe oder im Gehirn angelagert; oder sie zerstören gewaltsam das Sieb, das dann in Zukunft auch lebenswichtige Substanzen wie Eiweiße ungehindert ausscheiden, das heißt verlieren wird.

Wenn wir unseren Apfelbrei wegen dieser Hindernisse mit sehr viel mehr Kraft als üblich durch das Sieb pressen müssen, wird irgendwann auch unsere Pumpkraft – nämlich unser Herz – vorzeitig erschöpft sein. Dieser Situation können und sollten wir uns frühzeitig bewusst sein, da hier Vorbeugung wirklich die einzige Medizin darstellt, die sinnvoll, preiswert und wirksam ist. Wenn ich behaupte, gestern krank geworden zu sein, heißt dies doch eigentlich nur, dass gestern mein seit vielen Jahren mühselig aufrecht erhaltenes Körpergleichgewicht dem Druck nachgegeben hat und zusammengebrochen ist.

Für die normalen täglichen Aufgaben brauchen unsere Nieren möglichst viel reines Wasser, da verdünnte Schlacken, verwässerte Säuren und ein leicht fließendes Blut jede Filterarbeit wesentlich erleichtern: Wenn Ihnen etwas seelisch an die Nieren gegangen ist, versuchen Sie doch einmal als Erstes, eine große Kanne Kräutertee oder reines heißes Wasser zu trinken. Auch bei schwierigen oder anregenden Gesprächen greifen wir meist instinktiv zu etwas Trinkbarem.

Wenn Sie noch Gift abgebende Zahnfüllungen besitzen oder chemisch behandeltes Gemüse essen, trinken Sie bis zur Zahnsanierung und Kostumstellung möglichst viel zusätzliches reines Wasser. Sind Ihre Nieren geschwächt oder macht das Herz Probleme, sollten Sie Ihre Trinkmenge langsam steigern – anfangs unter täglicher Kontrolle der ausgeschiedenen Urinmenge, die sich im gleichen Rahmen steigern muss.

Sind Ihre Augenlider, Hände und Füße morgens geschwollen, sind das Hinweise auf eine Nierenschwäche, die unbedingt ganzheitlich behandelt werden sollte; schwellen Ihre Beine abends und nach langem Stehen an, sollten Sie Ihr Herz einmal untersuchen lassen.

Und nehmen Sie nach bestimmten Mahlzeiten plötzlich am Bauch vier Zentimeter oder im Körpergewicht ein bis drei Kilogramm zu, dann ist mit großer Wahrscheinlichkeit ein unerkanntes Allergen in Ihrer Mahlzeit gewesen. Mit einer Auslassdiät, bei der für vier bis sechs Tage je eine gesamte Stoffgruppe wie zum Beispiel alle Milchprodukte, alle Getreidesorten, der Kaffee etc. weggelassen wird, können Sie diesem Allergen relativ leicht auf die Spur kommen. Ein guter Naturheilarzt oder -therapeut wird Ihnen dann mit Möglichkeiten zur Entgiftung, Vitalstoffen, Bioresonanz und psychischer Unterstützung sicher schnell über diese Fehlreaktion Ihres Körpers hinweghelfen.

In der Übergangs- und Ausleitungszeit braucht Ihr Körper übrigens noch mehr Wasser als normalerweise – es ist wie ein großer Hausputz, der auch nicht mit einer Suppentasse voll Wasser erfolgreich durchführbar ist!

TIPP

Noch ein wichtiger Hinweis: Geschwächte und/oder kranke Nieren wollen und können nur kleinere Mengen an täglicher Flüssigkeit verarbeiten. In dieser Situation, die man leicht an dem fehlenden Durstgefühl und einer allgemeinen Abneigung gegen das Trinken erkennen kann, sollte man trotzdem die Trinkmenge langsam steigern. Dies aber bitte immer unter der Kontrolle der ausgeschiedenen Urinmenge, wobei auch Durchfall, Erbrechen und starkes Schwitzen wie zum Beispiel manchmal im Klimakterium oder im Hochsommer unbedingt pauschal mit eingerechnet werden müssen.

Rheuma

Bei allen rheumatischen Beschwerden sollte das gezielte Zuführen von ausreichend Wasser die erste und wichtigste Therapiemaßnahme darstellen. Die Knorpeloberfläche der Gelenkknochen und besonders die so genannte Gelenkflüssigkeit benötigen für das reibungslose Funktionieren genügend Wasser; auch die Flexibilität der Wirbelsäule durch die Bandscheiben ist abhängig von deren Wassergehalt und ihrer entsprechend guten Pufferkapazität.

Ein Autoreifen braucht „nur" Luft zum Abfedern, eine Bandscheibe benötigt dazu einfach „nur" Wasser! Ein mangelhaft aufgepumpter Reifen kann weit reichende Folgen verursachen – auch ein dehydriertes Gelenk und eine abgeflachte Bandscheibe werden neben Schmerzen zu möglichen Folgekrankheiten und Bewegungseinbußen führen.

Immer wieder erkennen wir hier auch die Gesetze der Psychosomatik: Wasser bedeutet Fließen und Bewegung, Wassermangel steht für seelische Blockierung. Beim Rheumatiker spricht man auch von dem Verharren in einer seelischen Zwangsjacke, eine defekte Wirbelsäule hindert uns, am Fluss des Lebens ungehindert teilzunehmen. Diese seelischen Grundmuster sollten möglichst vor einer Trinktherapie erkannt und aufgelöst werden, um einen schnellen und dauerhaften Heilerfolg zu ermöglichen.

Allergien

Bitte denken Sie auch bei allen Formen von Allergien an einen möglichen Wassermangel, da dieser immer zu einer körperlichen Stresssituation führt, die eine überhöhte Histaminausschüttung nach sich ziehen kann.

Stress und Angst

Anspannung, Angst und Stress haben sicher etwas mit unserem Wasserhaushalt zu tun. Dieser negative Seelenzustand verengt die Blutgefäße und blockiert die Zufuhr von Energie und den ausreichenden Abtransport von Schlacken, was letztendlich zu körperlichen Symptomen wie Übersäuerung, Verschlackung, Blutdruckanomalien und chronischer Müdigkeit führt.

Menschen in dieser Situation trinken häufig große Mengen an Kaffee und/oder Alkohol, wodurch sich ihr seelischer und körperlicher Zustand noch weiter verschlechtert, da beide Flüssigkeiten den Wassermangel verstärken.

Versuchen Sie statt dessen einmal, während einer Stressphase Ihren Lebensfluss mit reinem Wasser zu unterstützen: Morgens ein großes Glas

Wasser und eine lange entspannende Dusche, während des Tages viel frisches Obst und natürlich Wasser, und abends ein wohltuendes Fußbad, ein Kräuterbad, ein Schwimmbad-Besuch oder ein Spaziergang im Regen. Machen Sie es wie die Pflanzen und öffnen sich für die belebende Kraft des Wassers!

Ein kleiner Test

Bitte kreuzen Sie jeweils das für Sie passende Feld an und machen Sie sich danach selbst ein Bild über Ihren augenblicklichen Wasserhaushalt. Therapeuten können diese Seite (mit Quellenangabe) gerne als Kopie ihren Patienten vorlegen, um anschließend eine bessere Mitarbeit und ein ursächliches Verständnis für die daraus resultierenden Therapievorschläge zu erlangen.

Beschwerden	nie	selten	häufig	dauernd
Bluthochdruck	☐	☐	☐	☐
Niedriger Blutdruck	☐	☐	☐	☐
Durchblutungsstörungen	☐	☐	☐	☐
Herzschmerzen	☐	☐	☐	☐
Lymphstau	☐	☐	☐	☐
Übergewicht	☐	☐	☐	☐
Magenbeschwerden	☐	☐	☐	☐
Verdauungsschwäche	☐	☐	☐	☐
Verstopfung	☐	☐	☐	☐
Nierenprobleme	☐	☐	☐	☐
Rheuma	☐	☐	☐	☐
Allergien	☐	☐	☐	☐
Stress	☐	☐	☐	☐
Angst	☐	☐	☐	☐
Depressionen	☐	☐	☐	☐

Wasser als Krankheitsursache

Allergien

Heute haben viele chronische Krankheiten eine (meist unerkannte) Allergie als alleinige Ursache oder zumindest als Co-Faktor. Als Auslöser finden wir durch energetische Testmethoden sehr häufig tägliche Nahrungsmittel wie pasteurisierte Milchprodukte, Getreide, Zucker und Kaffee. Zusätzlich werden aber immer häufiger auch Fremdstoffe und Umweltgifte vom Körper durch allergische Reaktionen zur Ausscheidung gebracht. Zu dieser großen Gruppe gehören nicht nur Metalle aus Zahnfüllungen, Fluor aus der Zahnpasta, synthetische Medikamente und Pestizide aus der Nahrung, sondern leider immer öfter auch das häusliche Trinkwasser.

Unser Körper hat in der Evolution gelernt, sich gegen Fremdstoffe zu wehren, und zwar in Form einer verstärkten Lymphtätigkeit, zum Beispiel als Mandel- oder Blinddarmentzündung, oder über chronische Entzündungen wie Bronchitis, Rheuma oder Darmentzündungen. Bieten wir unserem Gesamtsystem jedoch zu viel an, kann es nicht mehr „aussortieren" und greift dann wahllos auch lebenswichtige Nahrungsmittel und sogar die eigenen Zellen als „Feinde" an – mit den typischen Entzündungs- und Ausscheidungsreaktionen. Hält solch ein Zustand sehr lange an, erschöpft sich die Abwehr und es tritt eine gefährliche „Ruhe" ein, in der sich Fremderreger wie Pilze oder Viren ungehindert ausbreiten können; auch entartete Zellen finden in dieser Phase der Immunschwäche keine entsprechende Eindämmung.

Unser Leitungswasser enthält neben dem vorgeschriebenen Chlor meist noch eine große Palette von chemischen Zusatzstoffen aus dem Aufbereitungsprozess und den Rohrleitungen, sodass es – besonders für Kinder und Kranke – unbedingt durch Filtersysteme für den täglichen Konsum gereinigt oder durch Flaschenwasser ersetzt werden sollte. Es geht hier nicht um das Problem von hartem oder weichem Wasser, sondern um den Anteil an Fremdstoffen, der bei einem Menschen mit der Disposition zu allergischen Reaktionen als Auslöser für eine therapieresistente Neurodermitis oder Colitis infrage kommen kann. Bei einer Allergie kommt es nicht so sehr auf die Menge des Allergens an, sondern vielmehr auf den Informationsgehalt des Stoffes und die Reaktionsfähigkeit des Körpers; aber auch die seelische Situation, ein nicht ausreichendes Vitalstoffangebot und zusätzliche Belastungen spielen dabei eine große Rolle. Bei einer erkannten Allergie gegen das häusliche Wasser sollte deshalb während der Therapie möglichst auch auf Baden und Duschen verzichtet werden, bei schwer kranken Kindern empfehle ich sogar, die Wäsche vorübergehend nicht zu Hause zu waschen. Aber das sind zum Glück nur seltene Extremfälle, meistens reicht das Reinigen des Trinkwassers. Es ist erstaunlich, wie oft durch die Krankheit eines Kindes diese Zusammenhänge erkannt werden und dies zur Verbesserung des Gesundheitszustandes aller Familienmitglieder führt.

In unserer heutigen Situation, in der das wirklich kostbarste und wichtigste Lebensmittel achtlos für Industrie und Toilettenspülung verschwendet wird, kann der Gesamtwasserbedarf oft nur noch über das „Reinigen" von Oberflächenwasser gedeckt werden, mit dem entsprechenden chemischen Großeinsatz, der trotzdem viele Fremdstoffe nicht erfassen und entfernen kann.

Warten wir nicht auf die Einsicht der Industrie und der Landwirtschaft oder auf neue Umweltschutzgesetze der Regierungen, sondern nehmen wir unsere eigene Verantwortung ernst: Wohin soll ich meinen Urin entsorgen, wenn ich noch Quecksilber in den Zähnen habe oder täglich eine synthetische Hormontablette einnehme? Kaufe ich noch gespritztes Obst und Gemüse und mache mich damit zum Komplizen für den Pestizid- und Insektizideinsatz? Wie reinige ich mich, meine Wohnung und meine Wäsche? Informiere ich mich ausreichend, um die entsprechenden Zusammenhänge frühzeitig zu erkennen? Und mache ich dann von meiner Macht als Käufer durch umweltbewusste Entscheidungen Gebrauch? Fühle ich mich bereit, auch andere aufzuklären und zu einer (über)lebenswichtigen Verhaltensänderung zu motivieren?

Intoxikation

Die Fremdstoffe in unserem Leitungswasser können aber nicht nur Allergien auslösen, sondern wirken immer häufiger als echte Toxine, also Gifte. Viele der heute bedenkenlos ins Wasser eingeleiteten Stoffe und deren kumulierende Wirkungen sind noch nicht einmal bekannt, da jedes Jahr schätzungsweise 500 neue Chemikalien und chemische Verbindungen dazukommen. Da das Wasser nicht nur Stoffe, sondern auch deren Informationen speichert – selbst wenn die Stoffe an sich schon herausgefiltert wurden –, sind die gesundheitlichen und genetischen Risiken für uns alle überhaupt noch nicht abschätzbar.

Die Regierungen verordnen so genannte Grenzwerte für die bekanntesten Schadstoffe wie zum Beispiel Nitrat, Arsen, Cadmium etc., aber die Natur und die Naturheilkunde lehren uns, dass sich die Stoffe erstens untereinander negativ verstärken und zweitens das Individuum Mensch sehr sensibel und unterschiedlich auf solche Fremdinformationen reagiert. Es gibt weder einen Grenzwert für Hormonrückstände noch für Radioaktivität aus Reaktorkühlsystemen oder für genmanipulierte Antibiotika-Präparate.

In meiner Praxis begegne ich hauptsächlich Vergiftungen durch Blei, Kupfer und Chlor, seltener durch spezielle Industriegifte. Erhöhte Bleiwerte aus alten Leitungen (angeblich noch in zehn Prozent der deutschen Haushalte vorhanden!) verursachen ein diffuses, wenn auch typisches Krankheitsbild mit „bleierner" Müdigkeit, Nierenproblemen und vielfältigen Ausscheidungsreaktionen des Körpers, wobei die Nierentoxizität des Bleis ernst zu nehmende Langzeitschäden verursachen kann und deshalb immer nach einer schnellen Problemlösung gesucht werden muss. Die Naturheilkunde hat gute Therapiemöglichkeiten, um den Körper nach einer Haussanierung oder der Umstellung auf ein reines Wasser bei seiner Giftausschwemmung zu unterstützen.

Ein hoher Kupferspiegel verursacht Schäden im Blut bildenden System und senkt den Zinkspiegel kompensatorisch so stark, dass dieser Mangel zuerst durch Hautprobleme, Enzymschwäche oder Zuckerstoffwechselstörungen auffällt, wodurch dann die hohe Kupferbelastung des häuslichen Trinkwassers gefunden wird.

Wenn in Ihrem Haus Blei- oder Kupferrohre vorhanden sind, sollten Sie morgens als Erstes die Wasserspülung der Toilette betätigen und vor der Entnahme von Trinkwasser den Hahn zusätzlich etwas laufen lassen, um die erhöhte Aufnahme von Schadstoffen (durch die längere Verweildauer des Wassers in den Rohren während der Nachtruhe) zu vermeiden. Haben diese Leitungen im Laufe der Zeit innen eine Kalkschicht gebildet, bewirkt dies oft einen ausreichenden Schutz gegen das Abgeben von Toxinen ins Trinkwasser. Daher sollten Sie in solch einem Fall nie versuchen, durch spezielle Wasseraufbereitungs-Systeme die Kalkschicht aufzulösen!

Neben dem Reinigen des Trinkwassers kann man die Heilung nachweislich sehr gut unterstützen durch die Anwendung von Bor, das offensichtlich ein positiver Gegenspieler von Chlor ist. Leider ist Bor, das über viele Generationen hinweg als wirksames Mittel bei Hautreizungen und Augenentzündungen eingesetzt wurde – in einer dreiprozentigen Lösung oder Salbe –, in Deutschland als „giftig" verboten. Aber Sie können sich für wenige Pfennige aus jedem anderen Land Borsäure mitbringen, 30 Gramm davon in einem Liter destilliertem heißen Wasser auflösen und anschließend – ohne Gefahr! – versuchsweise äußerlich anwenden. Für den inneren Gebrauch gibt es Tabletten in D4, die nach den Regeln der Homöopathie erfolgreich eingesetzt werden.

Hohe Chlorbelastung im Wasser kann zu äußerer Hautreizung beim Baden und Schwimmen führen – aber selten wird an die Reizung der inneren Schleimhäute von Magen und Darm gedacht! Erst wenn sich schon andere Erreger wie Hefepilze in diesem gestörten Milieu ausgebreitet haben und eine spezielle Ursachensuche das Chlor als (Mit-)Auslöser einkreisen konnte, kann auch gezielt therapiert werden.

Übrigens, wenn schon Badeanstalt, dann bitte ohne anschließende Antifußpilz-Giftdusche. Dieser Chemiecocktail, der sogar hartnäckige Pilze abtöten kann, gehört weder in Ihren Körper noch anschließend ins Abwasser. Stoppen Sie die Herstellung, indem Sie aufklären und selbst mit gutem Beispiel vorangehen.

Wasser als Heilmittel

Meerwasser

Meerwasser mit seinem hohen Gehalt an Mineralien und seiner unendlichen Speicherkapazität von Informationen war seit frühester Zeit ein bewährtes und bekanntes Heilmittel. Wir träumen von einem Urlaub an einem sauberen Meeresstrand, wo das tägliche Baden verbunden ist mit der Kraft der Wellen, der Energie der Sonne und dem Einatmen einer Luft, die reich ist an Aerosolen und lebenswichtigen Negativ-Ionen. In dieser energiereichen Gesamtumgebung verschwinden viele chronische

Meerwasser – eine der heilsamen Formen des Wassers unserer Erde

Zivilisationsleiden wie Allergien, Lymphprobleme, Entwicklungsstörungen bei Kindern und psychische Labilität bei Erwachsenen. Solch ein natürlicher Regenerationsprozess benötigt aber ausreichend Zeit, wobei bei einem Minimum von zwei Wochen nur ein kurzer Heilimpuls gegeben werden kann, besser und wirksamer ist eine Aufenthaltsdauer von wenigstens vier Wochen.

Heute haben viele Kurorte in Meeresnähe beheizte, überbaute Meerwasser-Schwimmbäder, oft sogar mit mechanisch erzeugten Wellen und künstlichen Besonnungsanlagen. Solche Einrichtungen ersetzen sicher nicht einen Aufenthalt am Strand mit all seinen Reizen, da gerade auch das kühlere Wasser, der oft heftige Wind und die variierende Sonnenbestrahlung einen Großteil des Heilungseffektes ausmachen. Aber: Die modernen Badeeinrichtungen können ganzjährig benutzt werden, bieten vielfältige zusätzliche Therapiemöglichkeiten und sind auch für geschwächte Patienten geeignet. Außerdem steht außerhalb der Badezeiten die meeresnahe Landschaft mit ihren Reizen, ihrer heilsamen, reinen Luft und ihren vielen Angeboten für Bewegung und Aktivitäten natürlich weiterhin zur Verfügung.

Es gibt aber auch schon spezielle Zentren, besonders in Frankreich, die sauberes Tiefenmeerwasser oft von weither holen, um dann in angenehmer, oft luxuriöser Atmosphäre die so genannten Thalasso-Therapien durchzuführen. Als zusätzliche Möglichkeit kann man mit käuflichem Meersalz zu Hause baden, Trinkkuren oder Inhalationen mit in Flaschen abgefülltem Meerwasser durchführen und es gibt inzwischen gute Algenpräparate für die äußere und innere Anwendung.

Meerwasser mit seinem hohen Mineral- und Salzgehalt ermöglicht während des Badens einen intensiven Stoffaustausch, das heißt, es werden vermehrt Schlacken abgegeben, während der Körper die ihm fehlenden Mineralien, Spurenelemente und auch heilenden Informationen gleichzeitig verstärkt aufnimmt. Dieser Prozess erfordert anfänglich sehr viel Energie, was sich im Kurort am dritten bis vierten Tag durch extreme Müdigkeit, Depression, intensive Träume und oft heftige Entgiftungsreaktionen zeigt. Der Gast möchte am liebsten sofort abreisen ... Eine gezielte Badekur zu Hause sollte diese möglichen Reaktionen deshalb vorher einkalkulieren, da ein vorzeitiger Abbruch den körperlichen und seelischen Zustand des Patienten unnötig verschlechtern kann.

Etwas anderes ist es, wenn man für sich oder seine Kinder einmal pro Woche – am besten am Wochenende – solch ein Meerbad in der Badewanne durchführt, vorher und nachher bewusst sehr viel trinkt, nur leichte Kost zu sich nimmt und dem Körper zusätzlich ausreichend Ruhe und Bewegung ermöglicht. Durch diesen wöchentlichen Bade- und Reinigungstag vermeidet man meist die sonst üblichen Erkältungen und Virusinfekte; für Familien mit Kindern ergeben sich durch die gemeinsame Erfahrung noch weitere positive Effekte in Bezug auf Körperbewusstsein, Verantwortung für die eigene Gesundheit und Spaß am Lebenselixier Wasser. Für die Heimkur gibt es in Reformhäusern oder Apotheken unterschiedliche Meersalze oder auch Solen. Am preiswertesten ist meist ein unbehandeltes Meersalz aus dem Bioladen. Die Menge richtet sich nach der Größe der Badewanne, der Vorschrift auf der Packung und Ihrem persönlichen Gefühl.

Bei Hautproblemen wie Akne, unreiner Haut und starkem Schwitzen wird eine äußere Meerwasseranwendung immer sehr positiv wirken; bei Neurodermitis kann diese Therapie eine interne Heilbehandlung wirkungsvoll unterstützen, wobei aber gewährleistet sein muss, dass der anfängliche Brennschmerz durch das Salz zumutbar ist und dass die Haut anschließend gut eingefettet wird. Möglichst sollte hier und bei allen Meerwasser-Anwendungen anschließend nicht gleich geduscht werden, um die Einwirkdauer des Meerwassers zu verlängern. Für Psoriasis-Patienten ist eine Meerwasserbehandlung kombiniert mit Lichtbestrahlung eine optimale Therapie, die aber immer begleitet sein muss von einer zusätzlichen inneren Medikation sowie einer Ernährungsumstellung. Deshalb gehört hier die Beratung in die Hände eines spezialisierten Behandlers.

Eine „Sparform" des Meerwasserbadens ist das Anlegen eines in Meer- oder Salzwasser getränkten Baumwollhemdes (gibt es in Reformhäusern), in dem man zirka eine Stunde lang warm eingepackt ruht. Auch hier finden ein verstärkter Stoffaustausch und deutliche Ausscheidungen statt, gefördert durch vermehrtes Trinken; deshalb wirkt solch ein Salzhemd sehr gut als allgemeine Entgiftungsmethode und bei einer aufkommenden Erkältung. Das Hemd enthält nach der Behandlung sehr viele ausgeschiedene Toxine und Negativ-Informationen und sollte unbedingt gründlich und heiß gewaschen werden.

Wenn Sie zu Asthma, Bronchitis, chronischen Nebenhöhleninfekten oder Nasenproblemen neigen, lohnt sich ein Versuch mit der Inhalation von Meerwasser oder selbst hergestelltem Salzwasser mithilfe eines marktüblichen elektrischen Inhalators. Oft konnten wir in der Praxis, in Kombination mit einer individuellen Naturheilbehandlung, die täglichen Inhalationen von Cortison, Theophilin und ähnlichen allopathischen Medikamenten langsam gegen einfache Kochsalzampullen austauschen. Besonders für Kinder ist diese Möglichkeit Erfolg versprechend, ohne Nebenwirkungen und extrem preiswert.

TIPP

Auch die Aufnahme von Meerwasser über die Nasenschleimhaut ist eine bewährte Naturheilmethode, durch die außer der Nase auch die Nebenhöhlen, Augen, Ohren und die Halsregion positiv beeinflusst werden. Man träufelt dazu Meerwasser – eventuell verdünnt – abwechselnd in beide Nasenlöcher und versucht es durch Aufziehen und nach hinten gebeugten Kopf möglichst tief einfließen zu lassen. Außerdem gibt es für Geübte auch ein spezielles „Kännchen", das intensives Spülen ermöglicht.

Wenn ich für die Inhalation, die Nasenspülung oder auch für die Badekur statt reinem Meerwasser oder echtem, naturbelassenem Meersalz auch Kochsalz oder Kochsalzampullen angebe, so tue ich dies allein aus praktischen und preislichen Gründen, aber ich möchte betonen, dass gutes, sauberes Meerwasser wesentlich mehr sichtbare und unsichtbare Bestandteile enthält als im Wasser aufgelöstes Salz!

Das gezielte Einnehmen von Meerwasser wird oft abgelehnt oder zumindest als problematisch angesehen. Aber während eines Aufenthaltes am Meer wird während des Schwimmens sicher immer etwas Wasser verschluckt, ohne dass dies als schädlich erachtet würde und ich selbst habe an mir persönlich und bei einigen Patienten gute Erfahrung machen können mit dem gezielten Trinken von kleinen Mengen Meerwasser.

TIPP

Meine Empfehlung ist sehr einfach: Wenn man sich am und im Meer wirklich wohl, stark und glücklich fühlt, dann sollte man sich einige Liter „seines" Meeres mit nach Hause nehmen, im Eiswürfelfach gefrieren lassen, sporadisch einen Würfel in einem Glas Wasser auflösen und schluckweise trinken. Diese Anwendungsform ist mehr als nur ein Mineralgemisch, hierbei spielen auch die gespeicherten Energien von Sonne, Wind, Mondschein und Sand eine wichtige Rolle.

Alles Lebendige – und dazu gehören auch klares Quellwasser und reines Meerwasser – enthält viel mehr als nur das durch Physik und Chemie Nachweisbare. Wir kennen diese deutlichen Unterschiede von biologischem Obst und Gemüse, das trotz gleicher Struktur ganz anders schmeckt und uns nach dem Verzehr ein besseres, satteres Gefühl schenkt. Wir sollten für diese feinen Unterschiede wieder sensibel werden und nicht alles nur automatisch nach seinem „Marktwert" einschätzen. Dies gilt für alle hier im Buch angesprochenen Wässer, Salze und Behandlungsmethoden, deren Wirkungen umso vielschichtiger sein können, je mehr Natürliches, dem menschlichen Körper Entsprechendes enthalten ist. In der Naturheilkunde und der Physik spricht man hierbei vom Resonanzgesetz: Je mehr mein Zellwasser dem angebotenen Trink- oder Badewasser entspricht, desto eher kann dieses aufgenommen und vollständig integriert werden; Flüssigkeiten wie Cola, Kaffee oder Limo laufen oft nur wirkungslos durch den Körper, ohne integriert und für den Stoffwechsel eingesetzt zu werden. Oder wollen Sie persönlich in Resonanz gehen mit Kaffee, Cola und chloriertem Leitungswasser?

Mineralwasser, Quellwasser, Heilwasser

Vorab eine kleine Begriffsbestimmung, damit Sie beim Kauf und bei der Anwendung von Wasser besser informiert sind.

Mineralwasser kommt aus tiefen Gesteinsschichten und ist deshalb sehr reich an Mineralien, Spurenelementen und wichtigen Mikroorganismen. Es ist immer ein natürlich belassenes Wasser, dem höchstens Eisen und Schwefel entzogen und dessen Kohlensäuregehalt erhöht oder erniedrigt werden darf. Es wird direkt am Brunnen, dessen Name das Wasser tragen muss, in Flaschen abgefüllt und zum Händler gebracht. Mineralwässer können gut als zeitlich begrenzte Trinkkur eingesetzt werden, sie sind aber nicht für den täglichen Gebrauch geeignet, da der oft einseitig hohe Gehalt einzelner Mineralien zu Verschiebungen im Körpersystem führen kann. Besonders Baby- und Kindernahrung sollte nur mit einem guten Trink- oder Quellwasser hergestellt werden; die nötigen Vitalstoffe sollten Sie besser durch frisches Obst und Gemüse zuführen.

Als ein Beispiel, das beliebig erweitert werden könnte, möchte ich an dieser Stelle nur zwei sehr bekannte Mineralwässer anführen, deren Werte in einem Labor ermittelt wurden.

Apollinaris hatte in dieser Untersuchung einen Natriumgehalt von 480 mg/l, der Grenzwert für unser Trinkwasser beträgt 150; bei Kalium lag der Wert bei 30, als Grenzwert gilt 12; Magnesium lag mit 100 mg/l ebenfalls weit über den zulässigen 50. *Fachinger* brachte es bei Natrium sogar auf 603 mg/l! Auch der Kaliumgehalt lag mit 28 weit über dem Grenzwert von 12 mg/l.

Bei kurzzeitiger Trinkkur werden solch hohe Werte vom Körper toleriert, als Langzeitgetränk schaden solche Wässer jedoch mehr als sie nützen; für ältere Menschen, Kranke und Kinder sollten sie eigentlich durch einen Warnhinweis gekennzeichnet sein!

Quellwasser ist immer sehr mineralarm und entspricht am ehesten unserer Vorstellung von einem natürlichen Trinkwasser. Es kann unbedenklich täglich getrunken werden und wird vom Körper optimal aufgenommen. Es gibt preiswerte französische Wässer in Großmärkten; ich habe in meiner Praxis besonders gute Erfahrungen mit dem französi-

Vergleich verschiedener Mineralwässer mit Trinkwasser und den Grenzwerten gem. Trinkwasserverordnung

Lieferant	Natrium ppm	Kalium ppm	Calcium ppm	Magnesium ppm	Gesamthärte °dH	Chlorid ppm	Sulfat ppm	Nitrat ppm
Apollinaris	480	30	90	100	35,5	140	110	k.A.
Bad Dürrheimer	13	k.A.	289	50	51,9	k.A.	610	< 0,5
Berg Quelle	16	2	48	23	12,0	13	20	0,7
Birresbronner	530	30	110	80	33,7	40	20	k.A.
Brohler	370	20	90	80	31,0	190	110	n.n.
Burgwall Brunnen	k.A.	30	90	50	24,0	20	70	k.A.
Eifelquelle	53	13	107	70	31,1	14	59	0,4
Evian	5	1	78	24	16,4	5	10	4
Extaler	11	k.A.	347	57	61,6	15	891	6
Fachinger	603	28	122	53	19,5	151	64	k.A.
Gerolsteiner	125	11	337	105	71,3	49	39	k.A.
Juwel	130	6	13	6	3,2	71	k.A.	k.A.
Mercator	320	10	30	10	6,5	390	80	n.n.
Oranien	920	31	103	148	43,2	523	k.A.	k.A.
Reginaris	300	k.A.	190	111	52,0	k.A.	k.A.	k.A.
Rheinfelsquelle	240	5	2	0,7	0,5	124	k.A.	n.n.

Römerwall	**260**	5	1	6	1,5	121	k.A.	k.A.
Salvus	19	1	89	5	13,5	54	88	k.A.
Schloss Quelle	15	**21**	118	30	23,4	k.A.	130	k.A.
Sinziger	140	10	50	**60**	20,8	70	50	n.n
St. Gero	121	10	331	**109**	**71,5**	39	35	8
St. Margareten	19	2	**580**	47	**91,9**	32	**1364**	k.A.
Stadion	**230**	10	174	34	32,1	91	**350**	k.A.
Steinbronn	40	3	219	27	36,8	93	229	k.A.
Steinsieker	20	3	**580**	40	**89,4**	40	**1320**	< 1
Tönissteiner	106	**19**	182	**141**	58,0	23	25	1
Urbanus	**280**	k.A.	100	**60**	27,8	k.A.	k.A.	k.A.
Vittel	7	k.A.	91	20	17,3	k.A.	105	k.A.
Volvic	9	6	10	6	2,8	6	8	7,0
Trinkwasser Dormagen Mitte	12	2	58	15	11,6	36	119	5
Trinkwasser Dormagen sonst.	28	4	164	14	26,1	42	148	4
Trinkwasser-Grenzwerte	150	12	400	50	67,5	250	240	50

(ppm = parts per million/Teile pro Million; °dH = Härtegrad des Wassers; n.n. = nicht nachweisbar, k.A. = keine Angaben, Fettdruck = Grenzwertüberschreitung) Quelle: Labor IN-EN Dormagen

schen Wasser *Mont Roucous* gemacht, das extrem mineralarm ist, gleichzeitig aber die Informationen der meisten Vitalstoffe gespeichert hat, wodurch der menschliche Körper mit dem Wasser auch wichtige Heil- und Regulationsimpulse erhält. *Mont Roucous* wird in Reformhäusern verkauft, es wird bei entsprechender Abnahme über die Firma Rabenhorst aber auch direkt an den Endverbraucher geliefert.

Die französischen Quellwässer werden leider fast alle in Mehrweg-Plastikflaschen verkauft, was ein Zugeständnis an den langen Transportweg ist, aber vermutlich werden dabei auch unerwünschte Fremdpartikel und Plastikinformationen an das Wasser abgegeben. Ich persönlich würde lieber etwas mehr für eine neutrale Glasflasche bezahlen, wobei dann das Problem von Spülmittelrückständen mit bedacht werden muss.

Heilwässer unterliegen nicht dem Lebensmittelgesetz, sondern gelten durch ihre nachgewiesenen Heilerfolge als natürliches Heilmittel. Sie dürfen so ziemlich alle Mineralien und Spurenelemente in jeder denkbaren Konzentration enthalten. Auf dem Etikett müssen diese Stoffe lediglich exakt aufgelistet sein, außerdem die Heilwirkungen, die Dosierungsrichtlinien und mögliche Gegenanzeigen.

Die zeitlich begrenzte Anwendung eines guten und passenden Heilwassers als Trink- oder Badekur und für Packungen bedeutet eine optimale Unterstützung und Beschleunigung des angestrebten Heilungseffekts. Wichtig dabei ist – wie bei jeder Naturheiltherapie –, den Körper für eine gewisse Zeit zu unterstützen, ihn dann aber auch wieder zu seiner Eigenregulation zurückzuführen.

Noch eine Anmerkung zum Thema Heilwasser als Badezusatz: Da wir wissen, dass Wasser ein Gedächtnis hat und Informationen aufnehmen und weitergeben kann, ist es manchmal ausreichend, nur ein bis zwei Liter (oder noch weniger) eines bestimmten Wassers dem Badewasser zuzugeben, ähnlich wie wir es aus der Homöopathie und von den so genannten Bach-Blüten kennen. Die Menge eines Stoffes bewirkt einen mehr körperlichen Prozess, der Informationsgehalt dagegen aktiviert die seelischen Heilimpulse – und es ist individuell sehr unterschiedlich, auf welcher Ebene die beste Resonanz erreicht werden kann. Probieren Sie es doch einmal aus: Reichern Sie Ihr „normales" Badewasser mit dem Zusatz eines guten, für Sie passenden Heilwassers an, wobei ich diese

Methode ganz speziell für alle Kleinkinder empfehle, die besonders sensibel auf Umwelteinflüsse reagieren.

Für eine Fastenkur nur mit Wasser sollten Sie unbedingt ein gutes Quellwasser nehmen und zusätzlich ein entschlackendes Heilwasser trinken wie zum Beispiel das *Haderheck*-Wasser aus Königstein. Das Wasserfasten kann ergänzt werden durch spezielle Tees, sollte aber möglichst immer in Absprache mit einem erfahrenen Therapeuten durchgeführt werden. Zum einen muss die Ausscheidung über den Darm mit Medikamenten, einer guten Fußreflex- oder Darmmassage oder der bereits beschriebenen Colon-Hydro-Therapie unterstützt werden. Zum anderen leiden heute sehr viele Menschen an einer Hefepilzbesiedelung des Darms mit den Hauptsymptomen: Blähungen, wechselnde Stuhlbeschaffenheit, Sucht nach Süßem und Kohlenhydraten, Müdigkeit, Depression und allgemeine Verdauungsschwäche. Diese Pilze können bei einem radikalen Nahrungsentzug über die Darmwand ins Blut wandern, wo sie zwar mit dem Blutzucker wieder ausreichend Nahrung finden, jetzt aber für den menschlichen Organismus eine ernste Bedrohung darstellen. Dies erleben wir immer häufiger in Krankenhäusern bei Nahrungskarenz nach Operationen.

Wasserfasten für zwei bis drei Tage ist meist problemlos, danach sollte aber wieder mit Gemüsesuppen, Kartoffeln oder Reis ein Minimum an Kohlenhydraten zugeführt werden. Auch wer Medikamente nimmt, noch Amalgam-Zahnfüllungen hat oder täglich starken Umweltbelastungen ausgesetzt ist, sollte die gleichen Vorsichtsregeln beachten wie Mykose-(Pilz-)Patienten.

Leitungswasser

Alle im folgenden Kapitel beschriebenen Anwendungen und Empfehlungen haben zur Voraussetzung, dass Ihr Leitungswasser wenig belastet ist mit Fremdstoffen, angenehm oder neutral riecht und schmeckt und Sie es gern zum Duschen, Trinken und Kochen verwenden. Ist dies nicht der Fall, sollten Sie sich entweder auf die Behandlungsmöglichkeiten mit Flaschenwässern beschränken oder sich den Einbau einer eigenen Wasscraufbereitungsanlage überlegen. Wer sich nur für eine kleine Anlage für das Koch- und Trinkwasser entscheiden kann, sollte bei allen Bäder-Empfehlungen das mögliche Pro und Kontra genau abwägen. Auf der einen Seite nutzen wir die Fähigkeit unserer Haut zur Aufnahme von Pflanzenextrakten, Mineralien und homöopathischen Rezepturen, auf der anderen Seite müssen wir aber auch bedenken, dass Schadstoffe und toxische Informationen über die Hautzellen ins Körperinnere weitergeleitet werden können.

Bäder

Jedes Bad regt die gesamte Entgiftung des Körpers an, stimuliert das Hormon-, harmonisiert das Nervensystem und beeinflusst nachhaltig das Herz-Kreislauf-System. Die normale Badetemperatur sollte bei 36° bis 37° Celsius liegen, die Dauer bei 20 bis 30 Minuten; bei höheren Temperaturen muss die Dauer auf zirka zehn Minuten begrenzt werden (außer beim so genannten Überhitzungsbad), bei einem kalten Bad bleiben Sie nur wenige Sekunden im Wasser.

Das traditionelle Reinigungsbad wird heute meistens durch Duschen ersetzt, um dadurch sinnvoll Zeit, Energie und Wasser zu sparen. Achten Sie bitte beim Baden oder Duschen darauf, möglichst wenig synthetische Seifen zu verwenden, da durch sie – und durch das heiße Wasser – die fetthaltige Schutzschicht des Körpers aufgelöst wird und es anschließend einige Stunden dauert, bis der Körper über Schweiß- und Talgdrüsen diesen schützenden Hautfilm wieder neu gebildet hat. Verwenden Sie bei den folgenden Bädern bitte kein zusätzliches Duschgel oder andere Reinigungsmittel. Der sich bildende dunkle Rand an der Badewanne zeigt Ihnen dann nämlich sehr deutlich die ausgeschiedenen Gifte und kann je nach Krankheit und Entgiftungsfähigkeit eine unterschiedliche Farbe und Konsistenz aufweisen.

Im Folgenden gebe ich eine Aufstellung von möglichen Badezusätzen, wobei die Konzentration auf die persönliche Konstitution und die Größe der Badewanne abgestimmt werden muss. Wichtig ist ein entsprechend warmes Badezimmer, eine angenehme Atmosphäre mit

Apfelessig – ein bewährtes Heilmittel

gedämpftem Licht (eventuell Kerzen anzünden!), vielleicht entspannende Musik oder eine Meditationskassette und ein vorbereiteter warmer Bettplatz für die wichtige Nachkur. Schlüpfen Sie dazu möglichst noch feucht in einen großen Bademantel und vermeiden Sie das Abduschen sofort nach dem Bad. Vorher sollten Sie nicht viel essen, aber das ausreichende Trinken von heißem Wasser oder Tee ist für die anschließende Hautausscheidung sehr förderlich.

● Eine Flasche *Apfelessig* aus dem Bioladen hilft dem Körper bei Fieber, viralen Infekten und auch bei Rheuma und Gelenkproblemen, da dieser Essig dem Körper wichtige Mineralien und Spurenelemente zuführt und einen überhöhten Säurespiegel im Gewebe normalisiert. Auch Waschungen mit verdünntem Obstessig oder das morgendliche Trinken von zwei Teelöffeln Essig, verdünnt in einem Glas Wasser, haben einen ähnlichen Effekt.

● Der Kanne-Brottrunk oder eine gute *Molke* haben, innerlich und äußerlich angewandt, eine ähnlich positive Wirkung wie der Apfelessig, wobei jedoch gegen Getreide und Milch häufig eine (unerkannte) Allergie besteht, sodass die Verwendung von Apfelessig besseren Gewissens pauschal empfohlen werden kann.

● Lösen Sie ein Kilo *Meersalz* oder spezielles Badesalz aus dem Toten Meer in Ihrem Badewassser auf; dieses Bad fördert die Durchblutung, hilft bei Hautproblemen, regt den Kreislauf an und führt dem Körper viele wichtige Vitalstoffe zu.

● Auch spezielle *Solesalze* aus der Apotheke können in ähnlicher Form angewendet werden. Sie stimulieren das Abwehrsystem und sind besonders für Kinder geeignet. Ich habe früher bei meinen Kindern jeden Herbst solch eine Kur mit viel Spaß und Erfolg durchgeführt, indem ich alle vier in unserem großen alten Holzwaschbottich voller heißem Solewasser spielen und plantschen ließ. Die Badestube muss nach solch einem Badespaß allerdings gründlich geputzt werden, da das Salz leicht Spuren hinterlässt.

● *Moorbäder*, die bei Frauenleiden und Rheuma empfehlenswert sind, gibt es bereits wannenfertig in der Apotheke; hier muss anschließend die Wanne schnell und gründlich gereinigt werden, da die Moorsäuren sonst das Wannenmaterial angreifen können.

● Das *Endotherm-Sitzbad* ist ein speziell für Unterleibsbeschwerden entwickeltes synthetisches Moorbad, mit dem ich während der vergangenen 20 Jahre sehr gute Erfahrungen sammeln konnte – speziell bei Patientinnen mit Scheidenpilzen und Ausfluss, aber auch bei hormonell bedingten psychischen Problemen. Für die Anwendung benötigen Sie eine niedrige Plastikwanne, in der Sie bequem sitzen können (am besten vor dem Kauf im Geschäft probesitzen!). Sie lösen den Badezusatz zuerst konzentriert in etwa einem halben Liter heißem Wasser auf, entnehmen davon eine kleine Flasche voll und füllen den Rest mit drei bis vier Liter warmem Wasser auf. Dann setzen Sie sich für zirka zehn Minuten in Ihre Plastikwanne, die zur Sicherheit in der Badewanne oder der Dusche stehen sollte. Dieses Bad bitte jeden zweiten Tag durchführen, meist genügen zehn Anwendungen innerhalb von drei Wochen, um die Beschwerden abklingen zu lassen. Mit dem Konzentrat können Sie sich an den badefreien Tagen betupfen oder eine Damenbinde damit tränken und nachts tragen.

● *Heilerde und Lehm* stehen inzwischen ebenfalls als Badezusätze zur Verfügung; sie sind angezeigt bei Hautleiden, Gelenkproblemen und zur allgemeinen Entgiftung.

● Die Naturheilkunde gibt zur Anregung einer allgemeinen Entgiftung häufig *Schwefel*, Sulfur, deshalb sind fertige Schwefelbad-Zusätze angezeigt bei rheumatischen Erkrankungen, Gelenkentzündungen und allen Arten von Hauterkrankungen, da auch hier das Ausscheiden von Giften den ersten und wichtigsten Schritt zur Heilung bedeutet.

● Ein „ganz besonderer Saft" ist *Urin*. Er enthält Mineralien, Säuren, Hormone, aber auch alle auszuscheidenden Gifte. Er wird traditionsgemäß zur Heilung von äußeren Wunden angewendet und könnte auch auf Ihre Haut einen positiven Einfluss ausüben. Warum pinkeln Babys so gern ins Badewasser? Wissen sie instinktiv vielleicht mehr über die heilsame Wirkung ihres eigenen Urins?

Kräuter-Badezusätze

Alle nachfolgend aufgeführten Kräuter-Badezusätze gibt es entweder als Fertigpräparate in der Apotheke oder im Reformhaus oder Sie stellen sie selbst aus getrockneten oder frischen Kräutern als intensiven Aufguss her. Bei allen Heilpflanzen können durch ihren relativ hohen Gehalt an ätherischen Ölen leicht Allergien entstehen, weshalb Sie zwischen den einzelnen Kuranwendungen immer wieder Pausen machen oder die Sorten wechseln sollten. Pflanzen aus unserer Heimat – besonders aus dem eigenen Garten! – sind immer denen aus anderen Regionen vorzuziehen, was wir ja auch für unser Obst und Gemüse berücksichtigen sollten.

● Kochen Sie eine Tasse *Beinwell-Wurzeln* in einem Liter Wasser auf, lassen sie zehn Minuten köcheln und dann nochmals zehn Minuten ziehen; den Absud geben Sie dann dem Badewasser zu. Das hilft bei allen

Haut- und Gelenkproblemen; der Brei kann anschließend auch sehr gut als Packung um das betroffene Gelenk gelegt werden.

● *Baldrian* hilft bei vielen Nervenleiden, es beruhigt und ist besonders angezeigt bei Schlaflosigkeit, Spannungskopfschmerzen und klimakterischen Beschwerden.

● Frische oder getrocknete *Brennnessel* kocht man auf und lässt sie dann ziehen; dieser Badezusatz hilft bei Hautunreinheiten, Übersäuerung, Gicht und Rheuma und regt die Durchblutung sowie den Stoffwechsel an.

● *Eichenrinde* mit ihrem hohen Gehalt an Gerbsäure wird eingesetzt bei Hautproblemen und Magen-Darm-Störungen mit der Tendenz zu Durchfall und Koliken. Man gibt den Absud von anderthalb Tassen Eichenrinde, die kurz aufgekocht werden und 20 Minuten ziehen müssen, in ein relativ warmes Badewasser von zirka 39° Celsius.

● *Fichtennadeln* mit ihrem hohen Gehalt an Terpentin beruhigen die Nerven als Badezusatz oder auch als Fertigprodukt zum Einreiben bei nervösen Verspannungen. Für das Bad werden 1000 Gramm Nadeln in zwei Litern Wasser 15 Minuten lang gekocht und dann abgeseiht dem Badewasser zugegeben.

● *Kamille* hilft bei Hautentzündungen, Infektionskrankheiten und Nervosität; eine Tasse Blüten werden überbrüht, müssen 20 Minuten ziehen und werden dann dem Badewasser zugegeben. Der isolierte Wirkstoff Azulen ist in der Apotheke als Badezusatz erhältlich – er führt offensichtlich nicht so häufig zu Allergien wie die Blüten.

● *Lavendel* stärkt die Nerven und das Herz und wird deshalb eingesetzt bei Kreislaufstörungen, Schlafproblemen und Nervosität. Eine Tasse Blüten fünf Minuten köcheln, weitere fünf Minuten ziehen lassen, dann den Absud in die Wanne geben.

● *Lindenblüten* als Tee und Badezusatz haben sich bei Erkältungen bewährt, da sie die Ausscheidung fördern und das Abwehrsystem stärken. Zwei Tassen Blüten für 30 Minuten leicht köcheln lassen, bevor sie abgeseiht dem ziemlich warmen Badewasser zugegeben werden.

● Ein *Melissenbad* aus zwei Tassen Blättern, die aufgekocht werden und 20 Minuten ziehen müssen, wirkt wohl tuend entkrampfend bei Stress, Schlafproblemen und auch bei Rheuma.

Auch Bach-Blüten eignen sich als Badezusätze

● *Salbei* hilft bei Erkältungen im Nasen-Rachen-Raum; er beruhigt die Nerven und den Magen und stoppt übermäßiges Schwitzen. Kochen Sie pro Bad vier Esslöffel auf, lassen sie 15 Minuten ziehen und geben sie dann dem Wasser zu.

● *Schwarzer Holunder* wirkt bei Rheuma, Fieber, Bronchitis und übermäßigem Schwitzen. Sammeln Sie die frischen Dolden und Blätter zu gleichen Teilen im Frühjahr am besten selbst (da sie in der Apotheke schwer zu bekommen sind) und machen Sie sich Ihre eigene (getrocknete) Kräutermischung daraus – oder bewahren Sie das Ganze einfach im Tiefkühlfach auf, wie Sie es ja auch von Gewürzkräutern her kennen.

● *Zinnkraut* hilft durch seinen hohen Gehalt an Kieselsäure besonders gut bei allen Erkrankungen des Bewegungsapparates. Eine halbe Tasse Zinnkraut aufkochen und ziehen lassen und dem Badewasser zugeben.

● Probieren Sie auch Pflanzen wie *Ringelblume, Heidekraut, Johanniskraut, Kapuzinerkresse, Pfefferminze, Majoran* oder den Saft von unbehandelten *Zitronen*. Vielleicht wollen Sie Ihr Bad einmal statt mit einer Kräuterabkochung mit fertigen *ätherischen Ölen* anreichern, wobei die Wirkung (durch den Duft) mehr über die Psyche abläuft und weniger über die Organe. Es gibt eine riesige Auswahl an guten Ölen, die Sie für das Bad vorher tropfenweise mit einer halben Tasse Avocado- oder Mandelöl mischen und erst ganz kurz vor dem Baden ins Wasser geben sollten.

● Auch *Bach-Blüten-Essenzen* oder homöopathische Arzneimittel eignen sich hervorragend als wirkungsvolle Badezusätze. Versuchen Sie es einmal bei Hautproblemen durch Umweltgifte oder Allergene mit zehn Tropfen der Bach-Blüte Crab Apple und einigen Tabletten Sulfur D6, die Sie als homöopathische Information dem Badewasser zusetzen. Besonders Kinder reagieren erstaunlich schnell und nebenwirkungsfrei auf diese Form der Therapie.

Bäder-Varianten

Weitere therapeutische Varianten des Badens entstehen durch verschiedene Temperaturen oder die Anwendungsdauer. Das so genannte *Überhitzungsbad* ist, wenn es im häuslichen Bereich durchgeführt wird, ein normales Bad, eventuell mit Zusätzen, dessen Temperatur durch das Zufließenlassen von heißerem Wasser ständig weiter erhöht wird. Dadurch wird der Kreislauf, die Durchblutung, die Entgiftung und der Stoffwechsel extrem angeregt, was bei beginnender oder ausgebrochener Erkältung, bei Rheuma, Gicht und unklaren fieberhaften Prozessen eine erstaunlich schnelle Schmerzlinderung und Heilung bringen kann. Da die hohe Temperatur den Kreislauf stark belastet, ist diese „Rosskur" nicht für labile Menschen geeignet, aber optimal für Kinder. Diese kann und muss man während des Badens mit spannenden Geschichten ablenken, ein kalter Waschlappen auf der Stirn erhöht ebenfalls das Durchhaltevermögen. Nach dem Bad ist absolute Schwitz-Bettruhe angesagt, wobei unbedingt vorher und hinterher sehr viel Wasser oder Tee getrunken werden muss. Erwachsene sollten eine Person in Rufnähe haben, um bei Kreislaufproblemen nicht ohne Hilfe zu sein. Die Dauer des Bades und die jeweils tolerierte Temperatur ist völlig individuell zu wählen. In

Spezialkliniken wird dieses Überhitzungs- oder Schlenzbad bis zu zwei Stunden durchgeführt und bringt dann oft erstaunliche Erfolge bei Krebspatienten.

Eine andere *traditionelle Heilbad-Behandlung* für Patienten, die aufgrund ihrer Herz-, Leber- oder Nierenprobleme vermehrt Wasser im Körper zurückhalten, ist relativ einfach und kann unter Aufsicht auch zu Hause durchgeführt werden. Der Patient sitzt oder liegt bis zum Hals in einem körperwarmen Bad ohne weitere Zusätze, die Badedauer beträgt zwei Stunden. Durch diese einfache und ungefährliche Therapie wird nachweislich die Nierenfunktion so stark verbessert, dass nach dem Bad sehr viel mehr Urin als der Trinkmenge entsprechen würde, gelassen werden kann. Außerdem wird die Natrium- und Kaliumausscheidung verbessert und die Fließeigenschaft des Blutes optimiert. Der entscheidende Faktor bei dieser speziellen Wasseranwendung ist, dass das Herz nachweislich wesentlich mehr Blut pro Minute pumpen kann, ohne dass der Blutdruck oder die Pulsfrequenz ansteigt, da die Muskeln und Blutgefäße durch das Wasser deutlich entlastet werden. Dieses Bad kann nach Rücksprache mit dem Arzt täglich durchgeführt werden und bringt besonders bei Patienten, die auf chemische Entwässerungstabletten nicht reagieren, Erfolge. Oft wird dadurch das Grundleiden so nachhaltig verbessert, dass endlich auch eine ursächliche Therapie Erfolg versprechend durchgeführt werden kann.

TIPP

Und nicht vergessen: Vor und nach jedem Bad ausreichend trinken! Bei Kräuter-Bädern kann man zusätzlich einen dünnen Tee aus den gleichen Kräutern zu sich nehmen, auch die meisten Aromaöle lassen sich in einer Tasse heißen Wassers gut als zusätzliche Anwendung trinken.

Weitere Wassertherapien

Haben Sie in Ihrer Wohnung keine Badewanne, gibt es trotzdem viele gute und heilende Wasseranwendungen, die ich im Folgenden vorstellen möchte.

Für *Schwall-Duschbehandlungen* können Sie sich beispielsweise problemlos einen modernen Duschkopf auf Ihre vorhandene Armatur schrauben (lassen), der erstens beim normalen Säuberungsduschen wertvolles Wasser sparen hilft und zweitens mit der Schwall-Einstellung und recht heißem Wasser eine Wohltat ist bei Muskelverspannungen und Rückenproblemen. Zudem ist die Schwall-Einstellung auch ideal für Ganzkörper-*Wechselduschen:* lange heißes Wasser, ganz kurz kaltes Wasser und das Ganze mehrmals wiederholen; die letzte Dusche muss kalt sein. Sie sollten sich danach fit und wach und bestens durchblutet fühlen! Gute Duschköpfe haben noch eine dritte sinnvolle Einstellung, durch die das Wasser zu einem starken Strahl gebündelt werden kann, mit dem Sie verspannte Muskeln sehr gut selbst massieren können. Probieren Sie dabei aus, welche Wassertemperatur für Sie am angenehmsten ist: Heißes Wasser ist im Allgemeinen besser bei Verkrampfungen, warmes Wasser beruhigt das oft mit beteiligte Nervensystem und kaltes Wasser ist eine echte Wohltat bei allen entzündlichen Prozessen. Wenn der Duschschlauch lang genug ist, kann man auch Fußreflexpunkte oder spezielle Akupunkturpunkte mit dem Wasserstrahl und dem entsprechenden Temperaturreiz sehr gut stimulieren oder harmonisieren.

Wasseranwendungen in der Dusche

Natürlich können Sie mit der Schwalldusche auch einige der klassischen *kneippschen Güsse* durchführen, sofern Ihr Bad groß genug ist und ein erfahrener „Kneippianer" zur Verfügung steht. Sie können sich auch vom Installateur einen speziellen Kneippschlauch an den Kaltwasserzufluss montieren lassen – oder ganz einfach den Brausekopf abschrauben und mit dem vorhandenen Schlauch arbeiten. Für die Eigenanwendung können Sie jeweils einen Teilbereich oder nacheinander den gesamten Körper behandeln.

TIPP

Wählen Sie nach Ihrem eigenen Körpergefühl kaltes Wasser von 10° bis 12° Celsius für relativ kurze Güsse, warmes Wasser für eine längere Anwendungszeit oder für die den Kreislauf anregenden Wechselgüsse abwechselnd warmes und kaltes Wasser.

Beginnen Sie mit dem Wasserstrahl jeweils am rechten Fuß oder der rechten Hand und gehen Sie außen bis zur Hüfte oder zur Schulter hoch, dann innen langsam wieder zurück bis zur Fußsohle und den Fingerspitzen. Anschließend kommt der linke Fuß oder der linke Arm an die Reihe. Bei Erschöpfung oder Kopfschmerzen hat sich der Gesichtsguss bewährt, wobei der Strahl mehrmals langsam kreisförmig und waagerecht über das Gesicht geleitet wird.

Alle Gussvarianten regen den Kreislauf an, wobei sie zu niedrige Blutdruckwerte erhöhen und hohe Werte durch die allgemeine Entkrampfung normalisieren. Die inneren Organe werden besser durchblutet, wodurch der Stoffaustausch und die Entgiftung optimiert werden und das Nerven- und Hormonsystem wieder harmonisch arbeiten können. Deshalb sind alle kneippschen Anwendungen ideal bei Schlafstörungen und eine unschätzbare Hilfe bei der Schwangerschaft.

Eine weitere bewährte und einfache Wasseranwendung ist das *Wechselfußbad*. Dafür benötigen Sie zwei spezielle hohe Plastikwannen, die heute in fast jedem Warenhaus erhältlich sind. Eine Wanne enthält Wasser von zirka 38° Celsius, die andere wird mit normalem kalten Leitungswasser gefüllt. Man setzt sich so bequem wie möglich hin und stellt die Füße für etwa drei bis fünf Minuten in die warme Wanne, dann für zirka zehn Sekunden ins kalte Wasser und wiederholt das Ganze bis zu einer halben Stunde lang, wobei die Wassertemperatur dabei immer wieder nachkorrigiert werden sollte. Wenn während des Badens Lauf- und Greifbewegungen mit den Füßen durchgeführt werden, kann der durchblutungsfördernde Effekt noch gesteigert werden. Bei Krampfadern machen Sie bitte die Wannen nicht allzu voll, bei arteriellen Durchblutungsstörungen sollten Sie selbst ausprobieren, ob diese Behandlung den Zustand verbessert, wobei Sie anfangs extreme Temperaturen unbedingt vermeiden sollten. Nach dem Bad kann eine Ruhepause ebenso wohl tuend sein wie ein Spaziergang – auch hier kommt es auf Ihr persönliches Gefühl an.

Natürlich können Sie in jeder passenden kleinen Wanne weitere einfache und dennoch sehr wirkungsvolle *Fußbäder* durchführen, denn unsere Füße sind energetisch und reflektorisch über die so genannten Fußreflexpunkte mit dem gesamten Körper eng verbunden. Sie können zum Beispiel leicht selbst feststellen, dass mit einem heißen Fußbad sehr schnell auch die Hände und der gesamte Körper angenehm warm werden. Außerdem hat ein Fußbad weitere Vorzüge: Es ist sehr einfach und schnell auch ohne Badezimmer durchzuführen; es ist preiswert und – ein besonders wichtiger Vorteil – ein Fußbad überfordert nie das Herz-Kreislauf-System und kann deshalb auch von älteren oder geschwächten Personen gefahrlos allein durchgeführt werden.

TIPP

Alle zuvor beschriebenen Kräuterzusätze können mit der gleichen Indikation auch im Fußbad Anwendung finden. Die Konzentration sollte aber wesentlich stärker sein, die Temperatur kann gern 38° Celsius und mehr betragen, die Badedauer liegt meist bei 20 Minuten. Nach dem Bad die Füße bitte kurz kalt abspülen, möglichst nass in dicke Wollsocken schlüpfen und anschließend noch wenigstens 15 Minuten ruhen.

Statt Kräutern können Sie auch einfaches Salz oder Meersalz in Ihr Fußbad geben, ebenso wie Obstessig oder ein Glas eigenen Urins. Bei entzündeten Füßen und Pilzbefall ist Urin ein echter Geheimtip! Am besten massieren Sie den Urin vor dem Bad an den befallenen Stellen intensiv ein, lassen ihn etwas trocknen und einwirken und baden dann beide Füße in dem Urin-Wasser-Gemisch. Normalerweise ist Urin in dieser Verdünnung absolut geruchfrei – nur Spargel sollte vorher nicht auf dem Speiseplan stehen! Während der Einnahme von chemischen Medikamenten oder bei starker anderweitiger Giftbelastung rate ich von der Urintherapie ab, da Sie dadurch die über die Nieren ausgeschiedenen Gifte erneut aufnehmen würden. In diesen Fällen können Sie dem Badewasser Zimtöl, Teebaumöl oder Grapefruitkernextrakt zugeben und die betroffenen Stellen und Nägel anschließend mit Silber-Colloid oder den zuvor angegebenen Extrakten einreiben. Bei Fußpilz muss die Haut anschließend sehr sorgfältig abgetrocknet werden, zwischen den Zehen kann der Einsatz eines Föns sinnvoll sein. Als Fußbekleidung sollte man nur kochfeste Baumwollsocken und gute Lederschuhe wählen, für zu Hause am besten luftige Sandalen. Bitte denken Sie daran, dass Pilze nur auf einer vorgeschädigten Haut oder an gestörten Reflex- und Akupunkturzonen wachsen können, weshalb neben der äußeren Behandlung eine interne Therapie unerlässlich ist.

Es gibt auf dem Markt verschiedene elektrisch betriebene Fußwannen, die entweder eine anregende Vibrationsmassage und/oder einen *langsamen Temperaturanstieg* erzeugen. Für die zweite Variante gibt es in Deutschland seit Jahrzehnten das bewährte, gute, aber leider auch teure Schiele-Kreislauf-Bad, das man sich für eine häusliche Kur sogar ausleihen kann. Für diese Spezialwanne aus rostfreiem Stahl mit eingebauter elektrischer Heizung gibt es spezielle Zusätze zur Vorbehandlung der Fußsohlen, als Badezusatz und zur Nachbehandlung. Dabei sollten sich die Anwendungsempfehlungen nach der Konstitution und dem Alter richten und den Gesamteffekt durch die von etwa 30° bis 42° Celsius ansteigende Temperatur noch optimieren. Die Schiele-Kreislauf-Kur sollte wenigstens über vier Wochen mit je fünf Tagen Anwendung und zwei Tagen Pause durchgeführt werden. Man kann diese Kur aber auch ganz gezielt einsetzen bei einer beginnenden Erkältung; ich persönlich habe allerbeste Erfahrungen gemacht bei allen Formen von Rückenschmerzen und Muskelverspannungen, wobei die entkrampfende Wirkung spätestens nach zehn Minuten spürbar einsetzt. Optimal bewährt

hat sich diese Kur auch bei Nieren-
und Ausscheidungsproblemen, da
der Nierenmeridian quer über die
Fußsohle verläuft, der Reflexpunkt
für die Nieren mitten unter dem
Fuß zu finden ist, und die Fußsohle außerdem besonders viele
Schweißdrüsen für die Entgiftung
aufweist. Wegen der speziellen
Zusätze fragen Sie am besten einen
erfahrenen Therapeuten oder die
Mitarbeiter der Firma Schiele.
Eine grobe Empfehlung lautet: Bis
zum vierzigsten bis fünfzigsten
Lebensjahr nehme man „Solec-
tron-Pulver", danach „Plazenta
flüssig" und für die Zeit des Kli-
makteriums das ebenfalls in Flaschen abgefüllte „Frauenbad". Alle

Das Schiele-Kreislauf-Bad

Zusätze gibt es auch in der Apotheke, die Wanne müssen Sie direkt
bestellen oder von einem gut ausgerüsteten Therapeuten ausleihen.

Wenn Sie eine tiefe Dusch- oder eine spezielle Sitzbadewanne aus
Plastik besitzen, können Sie auch zu Hause die besonders von Pfarrer
Kneipp empfohlenen *Sitzbäder* durchführen. Das Wasser sollte Ihnen
dabei ungefähr bis zur Magengrube reichen, die Oberschenkel sind halb
mit Wasser bedeckt, die Füße befinden sich außerhalb der Wanne und
müssen unbedingt warm eingepackt sein. Die klassischen Sitzbäder werden ohne Zusätze mit unterschiedlichen Temperaturen durchgeführt;
ich würde aber beim heißen Bad, das sich bei Nierenproblemen bewährt
hat und bis zu 20 Minuten dauern kann, unbedingt auch Kamille,
Goldraute oder eine passende Bach-Blüte zugeben. Kneipp empfahl
besonders die kalten Sitzbäder bei Hämorriden, Leber- und Nierenproblemen, aber auch bei Migräne und zur allgemeinen Stimulation. Hierbei
hat das Wasser, je nach Konstitution, 12° bis 18° Celsius und die Dauer
beträgt nur wenige Sekunden bis zu einer Minute.

Wasser als Informationsträger

Die Fähigkeit des Wassers, Informationen aufzunehmen und zu speichern, habe ich ja bereits beschrieben. In diesem Kapitel geht es um die praktische Anwendung für Sie selbst, Ihre Familie, Freunde, Patienten sowie die persönliche und globale Umwelt. Das Wasser ist ein echtes Lebenselixier, das in seiner Omnipotenz noch viel zu wenig erforscht und entsprechend eingesetzt wird. Im gleichen Maße, wie wir mitverantwortlich sind für die unabsehbaren Folgen der Zerstörung dieser Lebensbasis, können wir an der Regeneration und heilenden Anwendung unseres Wassers aktiv mitarbeiten. Ich komme im nächsten Kapitel zu den verschiedenen Möglichkeiten der Wasseraufbereitung, hier möchte ich zunächst einmal die praktische Anwendung des Wassers als optimalen Träger von Heilimpulsen beschreiben.

Homöopathie

Die bekannteste und seit über hundert Jahren bewährte Methode, aus Wasser (oder anderen Trägerstoffen) plus Information ein Medikament herzustellen, ist die Homöopathie. Sie geht von der Erkenntnis aus, dass alles, was uns krank gemacht hat, in einer starken Verdünnung (bzw. Potenzierung) als Heilmittel dienen kann. Können Sie zum Beispiel nicht einschlafen, weil Sie nervös und unruhig sind wie nach einer Tasse Kaffee, dann führt Coffea C3, also in einer Verdünnung von 1 zu 1.000.000, schnell und ohne Nebenwirkungen zu einem guten Schlaf. Sind alle Körperreaktionen krankhaft übersteigert bis zur Bewusstlosigkeit, wie wir es nach dem versehentlichen Verzehr von Tollkirschen (Belladonna) mit ihrem hohen Anteil an Atropin kennen, wird wiederum Belladonna in einer entsprechenden Potenz diese bedrohlichen Symptome kurzfristig auflösen. Vielleicht kennen Sie auch dieses bekannte Mit-

tel, das bei einem „Kater" hilft: Verrühren Sie einige Tropfen des über-
mäßig genossenen Getränks gut in einem Glas Wasser und trinken es
schluckweise – es hilft! Zusätzlich sollte natürlich auch die durch den
Alkohol verursachte erhöhte Ausscheidung von Körperflüssigkeit durch
viel reines Wasser und einige Gramm Kochsalz wieder ausgeglichen werden.

Das fachgerechte Potenzieren kann relativ leicht zu Hause nachvollzo-
gen werden: Bei den so genannten C-Potenzen (es gibt auch D- und LM-
Potenzen) wird ein Teil Ursubstanz mit 100 Teilen Trägersubstanz zehnmal stark verschüttelt, um dadurch die Energie zu erhöhen und eine gute
Informationsübertragung auf das Wasser zu gewährleisten. Professionell
nimmt man zum Verschütteln eine Alkohol-Wasser-Mischung oder eine
sterile physiologische Kochsalzlösung für Ampullen; außerdem gibt es
noch Verreibungen mit Milchzucker und die Herstellung von so genannten Globuli, bei denen kleine Kügelchen aus Rohrzucker mit einer fertigen flüssigen Potenz getränkt werden. Besonders für Kinder und für die
Taschenapotheke ist diese Darreichungsform ideal.

TIPP

● Für die häusliche Anwendung kaufen Sie sich bitte in der Apotheke ein
Zehn-Milliliter-Fläschchen mit Tropfpipette und eine Einmalspritze à
fünf Milliliter. Dann geben Sie einen Tropfen Ihrer Ursubstanz – dazu
später mehr – in das Fläschchen plus zirka 4,8 Milliliter reinen Wassers,
das entspricht ungefähr 100 Tropfen. Jetzt verschließen Sie die Flasche
und schütteln sie kräftig mindestens zehnmal, wobei Sie sich gedank-
lich auf die Herstellung Ihres Mittels konzentrieren sollten. Jetzt haben
Sie in der Flasche die Potenz C1, die Ausgangspunkt ist für die nächste
Stufe.

● In der Apotheke oder der Pharmaindustrie wird jetzt in einer neuen Flasche (Mehrglasmethode) mit einem Tropfen C1 plus 100 Tropfen, also
4,8 Milliliter Wasser, die Potenz C2 in der gleichen Form hergestellt. Zu
Hause leeren Sie die Flasche C1 aus, wobei automatisch wenigstens ein
Tropfen im Gefäß zurückbleibt, füllen diese gleiche Flasche wieder mit
4,8 Milliliter Wasser auf und verschütteln sie kräftig zur C2. Diese so
genannte Einglasmethode ist für den privaten Verbrauch ideal, da hier

auch das genaue Mengenverhältnis nur eine untergeordnete Rolle spielt.

● Soll sich die Einnahme über einen längeren Zeitraum erstrecken, mischen Sie bitte für die letzte Verschüttelung etwas guten Alkohol oder auch Obstessig in die Flüssigkeit. **Für größere Mengen nehmen Sie einfach je zwei Tropfen und 9,5 Milliliter Trägersubstanz, für noch größere Mengen brauchen Sie eine 30- oder 50-Milliliter-Flasche, da immer genügend Raum zum Verschütteln zur Verfügung stehen muss, denn die aufnehmende Oberfläche des Wassers spielt eine wichtige Rolle bei der Informationsübertragung.**

Die Erfahrungen in der Homöopathie haben gezeigt, dass niedrige Potenzen von C3 bis C6 bei akuten körperlichen Symptomen die schnellste Wirkung zeigen; sie dürfen anfangs mehrmals stündlich, später mehrmals täglich mit wenigen Tropfen eingenommen werden, am besten pur über die Zunge; in besonderen Fällen genügt aber auch ein Einreiben in die Haut oder andere Anwendungsformen. Höhere Potenzen, die in der klassischen Homöopathie noch über die C1000 hinausgehen können, wirken mehr auf der geistigen Ebene, dürfen nur selten eingenommen werden und gehören wegen ihrer tief greifenden Langzeiteffekte nur in die Hände eines fähigen, verantwortungsbewussten Therapeuten.

Die von dem Arzt Dr. Samuel Hahnemann entwickelte Homöopathie arbeitete seinerzeit fast ausschließlich mit Basisstoffen aus dem Mineralreich und der großen Gruppe der heimischen und weltweit bekannten Heilpflanzen, aber auch schon mit Ameisen, Taranteln, Schlangengiften usw.

In den letzten 20 Jahren hat sich nun das Einbeziehen von Organpotenzierungen zu einem wirkungsvollen Spezialgebiet entwickelt, wobei Organe verschiedener Tiere potenziert als Heilmittel zur Stimulierung des Heilimpulses bei chronischen Krankheiten mit sehr gutem Erfolg eingesetzt werden. Als Spendertiere werden hauptsächlich Schafe, aber auch Schweine und Kaninchen genommen, da ihre Zellstruktur eine relativ große Ähnlichkeit zur menschlichen hat und deshalb am besten aufgenommen und umgesetzt werden kann.

Der neueste Zweig der Homöopathie sind die *Nosoden;* sie haben als Ausgangsstoff alle Arten von Giften, Krankheitserregern und Allergenen und sind heute beim Diagnostizieren und Therapieren der vielfältigen Schäden durch Umwelttoxine, Medikamente, Bakterien, Viren, Pilze und durch das Heer von Allergenen einfach unerlässlich. Ihr Einsatz gehört eigentlich in die Hände eines erfahrenen Spezialisten, aber es gibt dabei Anwendungsbereiche, die auch von Ihnen selbst behandelt werden können.

Denken Sie dabei bitte an das Beispiel mit dem potenzierten Alkohol nach einer allzu feuchten Party, bei dem das gleichzeitige Zuführen von Wasser und möglichst auch Salz nicht vergessen werden darf. Bezüglich des Wassers gilt diese Regel auch für alle *Nosoden*. Sie benötigen während ihrer Einnahme besonders viel reines Wasser, da nur dann die gewünschte Ausscheidung der belastenden Fremdstoffe gewährleistet ist. Dies ist die erste und wichtigste Regel. Die zweite Einschränkung betrifft die Potenz, die für die Eigenanwendung nicht über C6 hinausgehen sollte, um länger anhaltende Ausscheidungsreaktionen, die zu äußerst heftigen Symptomen führen können, von vornherein auszuschließen.

Für Ihre ersten Selbstversuche wählen Sie bitte leichte krankhafte Störungen wie die beschriebene „Kater"-Therapie oder potenzierten Kaffee zur Beruhigung, etwas Spucke bei Mundsoor oder etwas Nasensekret bei Schnupfen. Aber auch ein Tropfen Urin mit allen seinen ausgeschiedenen Toxinen hat in der potenzierten Form eine völlig andere Wirkung als der getrunkene Morgenurin, ebenso wie ein potenzierter Blutstropfen oft erstaunliche Reaktionen auslöst. Diese so genannten *Eigennosoden* aus Ihrem eigenen Körper sind wesentlich wirksamer und gezielter in ihrer Anwendung als die unzähligen Fertigprodukte auf dem Markt, wobei letztere jedoch einen unschätzbaren Wert haben bei einer gezielten Diagnostik mittels Bioresonanz und bei der Therapie von nicht ausscheidungsfähigen Krankheitsverursachern wie Umweltgiften, Medikamenten und lange zurückliegenden Krankheitsprozessen.

Ganz besonders wichtig und gefahrlos in der Anwendung sind selbst hergestellte *Nosoden* aus Ihren persönlichen Nahrungsmittelallergenen. Viele Menschen wissen heute nicht, dass sie auf pasteurisierte Milchprodukte, auf Zucker, Weizen etc. allergisch oder sensibel reagieren mit chronischen Entzündungen, Verdauungsproblemen, Migräne, Lymphstau oder vielen anderen Symptomen. Bei einem Verdacht lohnt es sich, das spezielle Nahrungsmittel vorerst strikt eine Woche lang in all seinen Formen zu meiden und bei einer positiven Reaktion, also beim Nachlassen oder Verschwinden der Symptome, weitere vier bis sechs Wochen auf eine konsequente Vermeidung zu achten und gleichzeitig von der potenzierten Form in der C4 dreimal täglich je vier Tropfen über die Zunge aufzunehmen. Und bitte das reichliche Trinken nicht vergessen! Durch die Einnahme des potenzierten Allergens setzt sich der Körper auf einer anderen Ebene mit dieser Frequenz und seinen eigenen Fehlreaktionen auseinander, wodurch jede allergische Reaktion schnell und dauerhaft aufgelöst werden kann. Die Zellen „verlernen", dass sie Milch, Eier oder Cola einmal als „Feind" betrachtet und mit heftigen Reaktionen „bekämpft" haben.

Bei Allergenen, die nicht in flüssiger Form vorliegen, hilft das konzentrierte Verreiben mit Wasser zum Beispiel bei Körnern, Schokolade oder Gemüse; von diesem Konzentrat nehmen Sie dann einen Tropfen auf 100 Tropfen Wasser.

In der Naturheilkunde gibt es inzwischen unterschiedliche Apparate, mit deren Hilfe *Nosoden* und alle anderen Homöopathika hergestellt werden können. Diese modernen Hilfsmittel ersetzen aber nie die mit Liebe und persönlichem Einsatz selbst verschüttelten Heilmittel, zumal diese überall und immer hergestellt werden können, genau passen und nichts kosten.

> **TIPP**
>
> ● **Wenden Sie Ihr Wissen kreativ an: Haben Ihre Zimmerpflanzen Läuse, dann zerquetschen Sie einige, stellen daraus eine entsprechende *Nosode* her und geben davon einige Tropfen ins Gießwasser oder besprühen die Pflanze mit einem Nosoden-Wasser-Gemisch.**

Sie können auch Wasser in ein mit Formaldehyd belastetes Zimmer stellen und dieses Wasser dann zur Herstellung Ihrer Nosode verwenden – die Sie dann aber erst nach der Sanierung einnehmen dürfen. Ähnlich kann man mit schlechtem Trinkwasser verfahren, wenn man vor der allgemeinen Haussanierung das Wasser potenziert, um es anschließend zur körperlichen Ausleitungstherapie einzusetzen. Eine fast unglaubliche, lustige, aber wirkungsvolle Methode hat die Schülerin einer meiner Kurse praktiziert: Wir wurden alle tagelang genervt durch eine sehr laute Baumaschine in der Nachbarschaft. Diese Betroffene hat nun eine Flasche reinen Wassers nach draußen gestellt und daraus dann nach einigen Stunden der Krach-Informationsaufnahme für uns alle eine Nosode hergestellt ...

Materie informiert Wasser

Wenn Sie nicht den heilenden Umkehreffekt einer *Nosode* wünschen, sondern die Energie eines Steins, einer Blume, eines Symbols, einer Farbe oder eines Bildes in das Wasser einbringen wollen, legen Sie den Gegenstand für einige Stunden in, auf oder unter das Wasser. Die Information wird ganz sicher auf die Struktur des Wassers übertragen und kann dann von Ihrem Körper aufgenommen und beantwortet werden.

Sie können auch ein Fläschchen mit Ihrer biologischen Medizin oder eine entsprechende Injektionsampulle in Wasser legen und dieses dann als Informationsträger einnehmen. Dieses Prinzip passt immer, wenn es sich um eine energetische Heilwirkung handelt wie bei der Homöopathie. Wollen Sie jedoch eine Heilinformation übertragen, deren materielle Inhaltsstoffe die eigentliche Heilung bewirken, muss gewährleistet sein, dass die in Resonanz tretenden Körperzellen (noch) aus eigener Kraft eine materielle Form schaffen können. Aber ein Versuch lohnt immer!

Übrigens hängt die Wirkung nicht von Ihrem Glauben ab, da zum Beispiel auf die gleiche Weise hergestellte Bach-Blüten auch bei Kleinkindern, Tieren und Pflanzen nachweislich Wirkung zeigen. Aber die innere Einstellung der herstellenden Person hat einen sehr großen Einfluss auf das Endprodukt; diese Tatsache ist inzwischen wissenschaftlich anerkannt und bewiesen, weshalb Sie die hier vorgestellten Praktiken bitte nur ausprobieren sollten, wenn Sie das dahinter stehende Prinzip verstehen und anerkennen.

Energie informiert Wasser

In der „guten alten Zeit" wurden Brot, Wasser, Wein und Salz vor dem Verzehr durch ein Dankgebet oder das Kreuzzeichen gesegnet. Auch hier wurde positive Energie übertragen und beim Essen und Trinken an die Zellen weitergegeben. Versuchen Sie einmal, ein Glas Wasser mit beiden Händen liebevoll zu umschließen und ihm bewusst Energie zufließen zu lassen. Danach lassen Sie eine andere sensible Person den Unterschied zu einem unbe*hand*elten Glas Wasser feststellen – oder gießen Sie eine Gruppe Pflanzen mit Energiewasser und die Kontrollgruppe mit unbehandeltem Wasser. Bei Kressesamen kann man den Unterschied schon nach wenigen Tagen sehen, wobei solche praktischen Versuche besonders bei Kindern sehr nachhaltig das Wissen um die Wichtigkeit reinen Wassers und die Wirkung von unsichtbaren Energien wecken.

Strukturen informieren Wasser

So wie Steine, Farben, Bilder ihre energetische Information auf Wasser übertragen, um sie dadurch für unseren Körper aufnehmbar zu machen, können auch spezielle Strukturen, Formen und Gefäße dem Wasser ihre entsprechende Prägung geben.

Flusswasser, das am Anfang seines Laufes ausreichend Gelegenheit hatte zu wirbeln, über Wasserfälle zu rauschen und einen regen Austausch mit Luft, Erde, Steinen, Pflanzen und Tieren erlebte, wird diese Lebendigkeit auch noch als ruhiger Fluss spürbar enthalten. Bekannt ist diese Eigenschaft besonders vom Ganges, dessen besondere Wasserqualität dank seiner lebendigen „Kinderstube" dazu beiträgt, dass in diesem Fluss gelebt, gebadet, gewaschen und bestattet werden kann, ohne dass dadurch Krankheiten entstehen oder Keime weitergetragen werden.

Auch die bewundernswerten Aquädukte der Römer zeigen noch heute, dass Wasser auch über weite Strecken ohne Qualitätsverlust transportiert werden kann, wenn man es in offenen, weiten Kanälen aus natürlichen Materialien fließen lässt. Unser durch enge, künstliche Rohre gedrücktes Leitungswasser hat da wenig Chancen ...

Eine kleine Glaspyramide energetisiert das Trinkwasser

Ein bekanntes und interessantes Phänomen ist die Energie-Struktur einer Pyramide, besonders wenn ihre Winkel ungefähr denen der ägyptischen Großpyramiden entsprechen. Für eigene Experimente kann man sich ein kleines Modell aus Pappe bauen, auf Gesundheitsmessen gibt es inzwischen schon ein breites Angebot von Pyramiden aus unterschiedlichen Materialien, da ihre konservierende, energetisierende und keimtötende Wirkung inzwischen im privaten Bereich bereits breite Anwendung findet. Ich selbst habe vor zehn Jahren speziell informiertes Meerwasser aus Irland unter einer Pyramide „konserviert" und die einzelnen Fläschchen sind heute noch absolut klar, ohne die sonst für Meerwasser typischen geschmacklichen und geruchlichen Veränderungen.

Es gibt auch kleine Glaspyramiden, die man in sein Trink- oder Blumengießwasser legen kann zur Energetisierung und Entkeimung, wobei solche Experimente bitte nur sehr achtsam und vorsichtig durchgeführt werden dürfen, da wir bis heute noch viel zu wenig von den vielschichtigen verborgenen Kräften der Pyramidenenergie wissen. Wer kann erklären, warum Wein, der auf einer Pyramidenplatte stand, geschmacklich weicher und bekömmlicher wird? Warum trocknen Lebensmittel in einer Pyramide, anstatt zu verfaulen? Warum werden alte Rasierklingen in einer Pyramide wieder scharf? Immer handelt es sich um eine Molekül- und Strukturveränderung durch die Energie der (Pyramiden-) Form; das verwendete Material ist dabei fast ohne Bedeutung.

Übrigens: Kennen Sie die warme Atmosphäre eines Hauses mit Schrägdach im Vergleich zu einem Kasten mit Flachdach? Auch unser Zellwasser reagiert positiv auf äußere Hausformen – zur Not hilft ein Pyramidenmodell an der Zimmerdecke Ihres Schlafzimmers.

Lichtwässer

Die Mailänder Biologin Dr. Enza Ciccolo ist die – meines Wissens – erste Forscherin, die sich intensiv mit dem Phänomen der Heilquellen und Heilwässer befasst hat. Ihre ersten erstaunlichen Entdeckungen machte sie in Lourdes, wo bis heute tausende von kranken Menschen ins Becken des Wallfahrtsortes eintauchen, ohne dass dadurch Krankheiten übertragen werden. Ganz im Gegenteil gesunden viele Menschen nach solch einem Bad, wobei der Glaube als alleinige Heilungsursache inzwischen selbst Wissenschaftlern nicht mehr als Erklärung ausreichend erscheint. Dr. Ciccolo fand mit besonderen Messgeräten heraus, dass das Lourdes-Wasser alle sieben Frequenzen des Lichts, die den Farben des Regenbogens entsprechen, enthält und damit auf einer höheren Ebene heilend mit den Frequenzen von lebenden Geweben in Resonanz gehen kann.

Außerdem entdeckte sie, dass das gesamte Energiefeld in Lourdes in einer besonderen, nämlich rhomboiden Pyramidenform erscheint, die der zweitgrößten ägyptischen Pyramide, der so genannten Roten Pyramide in Dahshur, entspricht, die erst 1996 der Öffentlichkeit zugänglich gemacht wurde. Die quadratischen Pyramiden bündeln die Energie, die rhomboide Basisform führt jedoch zu einer Ausbreitung der Energie. Auch an anderen besonderen Orten mit Heilwirkungen findet man oft ungewöhnliche und unerklärliche Energieformen, deren Ursprung wissenschaftlich weder erklärt noch geleugnet werden kann.

In dem Buch „Phänomen Wasser" von Gudrun Dalla Via wird ausführlich auf fünf verschiedene „Lichtwässer" aus Heilquellen eingegangen, das Besondere dieses Buches ist jedoch die Beigabe von fünf Fläschchen dieser Wässer als so genannte Basiswässer mit der ausführlichen Anleitung, wie diese zu den unterschiedlichsten Therapiezwecken eingesetzt werden können. Es wird erklärt, dass es genüge, nur je neun Tropfen einer Basisflasche in einen Liter eines guten Trinkwassers zu geben, um diese Mischung anschließend je nach Beschwerdebild tropfenweise einzunehmen. Da die Information des Basiswassers die neue Flasche bereits nach einem Tag völlig durchdrungen hat, kann man daraus wieder unendliche Mengen neuen Wassers aufbereiten.

Was wir bereits bei der Herstellung von potenzierten Stoffen lernten, dass nämlich die Information wichtiger ist als die Ursubstanz und dass Wasser als Informationsspeicher einmalig und omnipotent ist, wird in dem Buch über die Lichtwässer der Wallfahrtsorte nochmals anschaulich und zukunftsweisend beschrieben.

Damit werden wir nahezu unabhängig von der Pharma-Industrie und auch das Verbot von wichtigen Heilpflanzen oder die Beschränkungen für Bach-Blüten haben durch das Wissen um die Fähigkeit des Wassers, Informationen zu speichern, jeden Schrecken verloren.

Ich selbst bekam vor vielen Jahren in meiner Praxis Probleme, als die Zelltherapie plötzlich verboten wurde und davon abhängige Patienten mit Krebs oder auch Mongolismus ohne entsprechende Unterstützung blieben. Ich habe damals aus der Not eine Tugend gemacht, das heißt, ich habe alle noch vorhandenen Zellpräparate auf Wasser „übertragen" und dieses informierte Wasser meinen Patienten tropfenweise in ihre Wasserflaschen gegeben. Zu meinem und unser aller größtem Erstaunen waren die jeweiligen Wirkungen besser als mit den teuren und schmerzhaften Injektionen – und ich war und bin mehr als dankbar, damals zu diesen wichtigen Erkenntnissen geführt worden zu sein, die inzwischen zu vielen weiteren Anwendungsmöglichkeiten, Kostenersparnissen und einer gesteigerten Eigenverantwortung meiner Patienten geführt haben.

THE Water

Wie bereits im Vorwort kurz beschrieben, haben wir bei Umbauarbeiten an dem ehemaligen Kloster, das wir heute bewohnen, eine uralte Zisterne, von deren Existenz niemand wusste, wiederentdeckt und das Wasser, *THE Water,* für uns alle zugänglich gemacht. Mir persönlich scheint es sogar, dass ich das alte irische Kloster nur wegen dieses Wassers kaufen „musste", da wir seine Energien und die von Menschen in die steinernen Wände gehauenen Informationen offenbar heute dringend zu unserer Heilung und Weiterentwicklung benötigen.

Auch die spezielle Struktur von *THE Water* kann tropfenweise an ein anderes Wasser weitergegeben werden, wobei durch die Einnahme folgende Prozesse – oft sehr heftig – in Gang gesetzt werden:

Loslassen von alten Mustern, Programmen, Ängsten: Damit verbunden sind Ausscheidungsreaktionen, die wiederum gut mittels Bädern, Saunierens und einer Darmreinigungskur aufgefangen werden können. Äußerliche Einreibungen und Badezusätze wirken reinigend auf die Haut, der Erfolg wird oft schon nach wenigen Tagen sichtbar.

Transformation, Mut zur Veränderung: Hier helfen zusätzlich die Bach-Blüten, die Hochpotenzen der Homöopathie und eine spezielle Psychotherapie, das *Emotional Clearing* oder *Time-Line.* Frauen reagieren wesentlich schneller und mutiger auf die Forderungen und energetischen Informationen unseres Wassers; offenbar ist das Weibliche stärker mit dem Element Wasser verbunden, deutlich sichtbar durch die ebenso starke Beeinflussung durch den Mond.

THE Water – das Wasser von Beara Circle

Aufbereitung von Leitungswasser

In vielen Orten ist es kaum noch möglich, das aus dem Wasserhahn kommende Wasser ohne zusätzliche Aufbereitung zu trinken oder zum Kochen zu verwenden. Alle im Folgenden beschriebenen Methoden, seien sie physikalischer, chemischer oder energetischer Natur, stellen nur den mangelhaften Versuch dar, das durch den Menschen zerstörte, einstmals lebendige Wasser zu regenerieren und für unseren Organismus tolerierbar zu machen.

Diese Maßnahmen entbinden uns nicht von der Pflicht, durch das eigene Verhalten und politisches Handeln mitzuhelfen, dass in Zukunft das ursprüngliche, Leben spendende Wasser wieder geachtet, geschont und angemessen behandelt wird.

Wir achten es, wenn wir reines Wasser dankbar, bewusst und ohne Zusätze von Tee, Kaffee etc. täglich in ausreichender Menge zu uns nehmen – und auch Säuglinge und Kinder wieder an den Geschmack und den Genuss von frischem Wasser gewöhnen.

Wir schonen es, wenn wir es nicht sinnlos für die Toilette, eine halb volle Wasch- oder Spülmaschine und tägliches Baden verschwenden. Auch durch das Einsparen von unnötig viel Zeitungspapier, zu dessen Herstellung sehr viel Wasser nötig ist, können wir gutes Wasser retten, ebenso wie durch den konsequenten Verzicht auf nichtorganisches Obst und Gemüse sowie Fleisch aus Massentierhaltung. Denn damit tragen wir dazu bei, den Einsatz von Insektiziden, Pestiziden, synthetischen Hormonen und Antibiotika ursächlich zu vermeiden. Wir als Käufer haben eine ungeahnte Macht, die wir als aufgeklärte Bewohner dieser Erde unbedingt einsetzen sollten!

Wissen bedeutet Macht, Unkenntnis schützt nicht vor den Folgen für uns, unsere Kinder und den gesamten Planeten. Finanzielle Interessengruppen müssen ihre eigene Verantwortung tragen, können aber durch unser Kaufverhalten nachhaltig positiv beeinflusst werden.

Die Kochmethode

Lassen Sie Ihr Wasser sprudelnd zwei Minuten ohne Deckel, dann noch zirka weitere acht Minuten zugedeckt kochen. Damit entweicht zum einen das Chlor, zum anderen werden etwaige negative Informationen aufgelöst und drittens ermöglicht die veränderte Clusterstruktur eine erhöhte Aufnahme von Schlacken aus dem gesamten Körpersystem. Trinken Sie dieses Wasser morgens heiß, dann aus der Thermoskanne weiter über den gesamten Tag verteilt. „Verunreinigen" Sie es bitte nicht mit einem Teebeutel!

Filter

Es gibt inzwischen auf dem Markt sehr viele einander ähnelnde Wasserfiltersysteme, die Schadstoffe relativ gut entfernen, deren Gefahr jedoch in einer schnellen Verkeimung liegt und in der Tatsache, dass das Nachlassen der Filterfähigkeit nicht entsprechend angezeigt wird.

Der Hauptbestandteil des Filtergranulats ist Aktivkohle, die durch ihre enorme Oberfläche sehr viele Fremdpartikel aus dem durchlaufenden Wasser aufnehmen und binden kann. Um das Keimwachstum zu verhindern, wird meist Silber zugegeben, dessen entsprechende Anreicherung im gefilterten Wasser bei Dauergebrauch jedoch auch problematisch werden kann, besonders für Säuglinge und Allergiker, die dann plötzlich auf ihren Schmuck mit Hautproblemen reagieren, ohne dass der Arzt oder sie selbst dabei an den häuslichen Wasserfilter denken.

Übrigens verbleiben die Informationen der durch das Silber abgetöteten Keime weiterhin im Wasser und können bei sensiblen Personen zu chronischen Belastungen des Immunsystems und der Lymphdrüsen führen.

Der Lotos-Aktivfilter regeneriert seinen Kohlefilter durch Dampferhitzen – und sein Hersteller schwört natürlich auf diese patentierte Methode. Die Firma UTP hat dieses System der Wasserreinigung weiter ausgebaut, sodass es auch vor den Duschschlauch, ja sogar vor die Wasserzuleitung eines ganzen Hauses geschaltet werden kann. Dieser Filter

Trinkwasserfilter gibt es in den verschiedensten Formen und Qualitäten

bietet möglicherweise eine gangbare Alternative zu den herkömmlichen Systemen.

Umkehr-Osmose

Bei dieser Methode wird – vereinfacht ausgedrückt – das ankommende Leitungswasser zuerst grob vorgereinigt und dann mittels des vorhandenen Wasserdrucks durch eine spezielle, sehr feine Membran gedrückt, wodurch bis zu 98 Prozent Nitrate, Pestizide, chlorierte Kohlenwasserstoffe, Schwermetalle (wie Aluminium, Blei, Kupfer, Cadmium) und sogar radioaktive Substanzen beseitigt werden. Zu 100 Prozent werden üble Gerüche, schlechter Geschmack, Benzine, Öle, Farbstoffe sowie Viren und Bakterien entfernt. Auch der Härtegrad wird stark herabgesetzt und ein nachgeschalteter Aktivkohlefilter beseitigt Kohlenwasserstoffverbindungen und geschmacksbeeinträchtigende Stoffe.

Die entsprechenden physikalischen Apparate arbeiten ausschließlich mit dem vorhandenen Wasserdruck, wobei durch den Filter- und Membranreinigungsprozess ein Teil des Wassers leider als Abwasser verloren geht.

Einige Apparate haben inzwischen eingebaute Magnete oder andere frequenzverbessernde Methoden, um auf diesem Weg die Struktur und die Energie des Wassers zu optimieren. Ich persönlich habe in Deutschland in der Praxis und zu Hause viele Jahre einen speziellen Quarzstab der Firma LC verwendet, der das Wasser aus unseren beiden Umkehr-Osmose-Apparaten nachweislich geschmacklich und energetisch positiv verändert hat.

Sie werden sicher auch für Ihre „Heimquelle" einen passenden energie- und Informationsträger finden, sei es ein Edelstein, ein Magnetstab, eine Pyramide oder einige Tropfen eines „Lichtwassers" oder unseres *THE Water*.

Ionenaustauscher

Diese Methode geht von der Erkenntnis aus, dass viele im Wasser gelöste Stoffe als elektrisch geladene Teilchen vorliegen, wobei die negativ geladenen Elemente als Anionen und die positiv geladenen als Kationen bezeichnet werden. Ionenaustauscher sind dadurch in der Lage, gezielt einzelne Stoffe zu binden und dadurch die Wasserqualität zu verändern. Bei hartem Wasser werden beispielsweise Calcium-Ionen an Natrium-Ionen (aus Kochsalz) gebunden, wie wir es von Spülmaschinen her kennen, um das Wasser dadurch weicher zu machen. In dem beschriebenen Fall ist der Einsatz eines Ionenaustauschers sicher sinnvoll, da er erstens durch das Nachfüllen von Salz leicht und preiswert regeneriert werden kann und zweitens das entsprechend „versalzte" Wasser anschließend nicht zum Trinken oder Kochen verwendet wird. Auch in Betrieben und Laboratorien ist ein genau auf die jeweiligen Bedürfnisse abgestimmter Ionenaustauscher unproblematisch – aber Sie sollten überaus skeptisch reagieren, wenn Ihnen jemand solch eine Anlage für Ihre Wohnung oder das gesamte Haus verkaufen will. Calcium und Magnesium, die zwar das

Wasser härter machen, sind für unseren Körper lebenswichtig und sollten nicht leichtfertig gegen Natrium ausgetauscht werden. Außerdem kann – wie bei den Kohlefiltern – oft nicht sicher festgestellt werden, wann ein Austauscher erschöpft ist und dann sogar verstärkt auszuscheidende Stoffe wieder an das Wasser zurückgibt. Die Verkeimung stellt ein weiteres Risiko dar, das zugesetzte Silber erhöht dessen Gehalt oft bis um ein Fünffaches und liegt dann teilweise über dem Grenzwert der Trinkwasserverordnung.

Zum Schluss müssen wir uns zusätzlich bewusst machen, dass die verwendeten Austauscher wie Natrium, Chlor oder Austauschharze anschließend ins Abwasser oder auf die Mülldeponie wandern und dort neue Probleme für unser Trinkwasser verursachen.

Destillation

Wird Wasser in speziellen Geräten gekocht und der aufsteigende Wasserdampf kondensiert, bleiben im Kochbehälter bis auf einige Kohlenwasserstoffe, deren Siedepunkt unter 100° Celsius liegt, die Mineralstoffe sowie Schadstoffe zurück. Dieses Destillat sollte – wenn überhaupt – nur in kleinen Mengen getrunken werden und nur bei ausreichender anderweitiger Versorgung des Körpers mit Spurenelementen, da es sonst zu einer starken Entmineralisierung des Körpers führen kann – und zu entsprechenden Funktionsstörungen wichtiger Organe.

Wegen der Verkeimungsgefahr darf destilliertes Wasser nur frisch hergestellt getrunken werden, außerdem benötigt man für einen Liter Destillat mehr als 0,7 Kilowattstunden Energie, es ist also ein extrem energieaufwendiges Verfahren.

Levitiertes Wasser

Die Herstellungsmethode für dieses spezielle Wasser erfand der Ingenieur Wilfried Hacheney aus Detmold: in seiner „Levitationsmaschine" werden jeweils 35 Liter normales Trinkwasser mit bis zu 6000 Umdre-

hungen pro Minute beschleunigt und dabei rechten und linken spiral-
förmigen Drehbewegungen sowie rhythmischen Druck- und Saugkräf-
ten ausgesetzt. Dadurch findet eine Umwandlung von Bewegungs- in
Saugenergie statt sowie eine Aufspaltung von Molekülketten und einzelnen Molekülen.

Dieser komplizierte Prozess verändert das Wasser grundlegend, sodass
es jetzt eingesetzt werden kann zur Aktivierung des Stoffwechsels, zur allgemeinen Entschlackung, zum Abbau von freien Radikalen (Sauerstoff-
verbindungen, die Krankheiten verursachen können), zur Qualitätsstei-
gerung beim Kochen und Backen – aber auch in der Pflanzenzucht und
in der Bauwirtschaft zur Herstellung eines besonders guten Zements.

Es gibt in vielen deutschen Städten „Wasserstellen", wo man levitiertes Wasser kaufen kann (1 DM pro Liter), da die Herstellungsmaschine
einen sehr hohen Anschaffungspreis von zirka 50 000 DM erfordert.
Inzwischen gibt es eine kleinere Haushaltsausgabe für 5 500 DM, die
3,5 Liter Leitungswasser nach dem gleichen Prinzip aufbereitet.

Martin-Wirbler

Der Ingenieur Wilhelm Martin
hat in Zusammenarbeit mit Wal-
ter Schauberger einen kleinen
Wirbelapparat entwickelt, den
man ganz einfach auf einen Wasserhahn oder Brauseschlauch
stecken kann. Der Apparat besteht
aus einem eiförmigen Trichter und
einem tangential angeordneten
Einlaufrohr, wodurch beim Durch-
laufen des Wassers eine kräftige
Wirbelbewegung entsteht, die
dem Wasser eine nachweisbar bessere Qualität verleiht. Die Kirlian-
fotografie ergibt ein ähnliches Bild

Wirbel verbessern das Wasser

wie bei Quellwasser, auch Proben mit Saatgut und Pflanzen zeigten positive Ergebnisse, sodass der Einsatz des Wirblers eine sinnvolle Investition ist für Küche, Bad und Garten, da er ohne Verschleiß, Einbaukosten und ohne das Risiko einer Verkeimung arbeitet.

Energetische Verfahren

Auf dem Markt gibt es inzwischen eine große Anzahl von energetisch arbeitenden Wasseraufbereitungsverfahren. Sie bedienen sich spezieller Kristalle, Magnete oder anderer Informationsträger, die dann entweder von außen an der Wasserleitung befestigt oder, wie wir es bereits vom LC-Quarzsieb kennen, in unsere Trinkwasserbehälter gelegt werden.

Magnetisiertes Wasser hat eine veränderte Oberflächenspannung und verbesserte Absorptionseigenschaften, wodurch es nachweislich stärkend auf die Nierenfunktionen sowie auf das Gelenk- und Knochensystem wirkt. Negative Wasserinformationen werden gelöscht, Sauerstoff wird besser aufgenommen und das Wasser bekommt einen besseren, „lebendigeren" Geschmack.

Bitte seien Sie vorsichtig bei allen größeren Hausinstallationen, da durch die Wirkungen einer veränderten Wasserstruktur leider auch schützende Kalkablagerungen in Rohren gelöst werden können und die Gefahr einer neuerlichen Belastung des Hauswassers aus Blei- oder Kupferrohren unbedingt beachtet werden muss.

Bei allen beschriebenen sowie neu auf den Markt kommenden Verfahren sollten Sie eingehend Nutzen, Risiken und entstehende Kosten abwägen. Es gibt kein globales Patentrezept, aber sicher eine gute Lösung für Ihre tägliche Trinkmenge – und wenn sie am Anfang nur darin besteht, dass Sie reines Wasser statt Tee, Kaffee oder Limo trinken.

Die Verantwortung für diese Maßnahme liegt zum Glück noch in unseren eigenen Händen, weitreichendere Wasserspar- und Schutzmaßnahmen sollen im nächsten Kapitel besprochen werden.

Vom Umgang mit Wasser

In der Physik kennen wir den Begriff der Resonanz, ähnliche Phänomene finden wir jedoch auch in der Biologie, Psychologie und Philosophie – und deshalb können wir die Gesetze der Resonanz ebenso auf die Beziehung zwischen den Wassern unserer Erde und uns Menschen anwenden: Um in Resonanz mit jemandem oder etwas zu treten, muss ich entsprechende Signale aussenden, deren Inhalte vom Empfänger angenommen und beantwortet werden können.

Was signalisieren wir unserem täglichen Wasser? Daß wir es missachten und leichtfertig vergeuden; dass wir es geschmacklich ablehnen und nur mit fremden Zusatzstoffen wie Kaffee, Tee oder Limo mögen; dass uns die Bodenverseuchung in der Landwirtschaft nicht persönlich berührt; dass es uns immer und preiswert zur Verfügung stehen muss, ungeachtet der dafür notwendigen Manipulationen und naturwidrigen Behandlungen; dass uns seine Zukunft – und die unserer Kinder – völlig egal ist und dass wir den eigenen Komfort weit über die Wertschätzung des Elements Wasser stellen.

Welche Antworten erwarten wir? Wie lange wollen und können wir in der überheblichen Meinung verharren, dass wir über der Schöpfung stehen anstatt wieder zu spüren, dass wir ein Teil von ihr sind, ein Gast dieser Erde und dass wir ohne die Beachtung der entsprechenden Gesetze bald von unserem Gastgeber vor die Tür gesetzt werden. Oder würden Sie einen Besucher tolerieren, der Ihnen Ihre Vorräte stiehlt, Ihre Zimmer verschmutzt und vergiftet und Ihnen zum Schluss auch noch die Fenster zumauert und lieblos Ihre letzten Kräfte ausnutzt?

Bedanken Sie sich doch einmal für Ihr gutes Glas Wasser, freuen Sie sich über den erfrischenden Regen und genießen Sie einen Spaziergang am Meer oder an einem Fluss! Dies ist der erste wichtige Schritt zur Wiederherstellung einer guten Resonanz zwischen Ihnen und dem Wasser.

Sparmaßnahmen

Vielleicht werden Sie jetzt spontan eine Sparschaltung in Ihre Toiletten-spülung einbauen oder beim „kleinen Geschäft" nur mit einer kleinen Kanne Wasser nachspülen. Das Baden wird zum seltenen Wochenend-luxus erklärt und die Spül- und Waschmaschine arbeitet ab sofort mit voller Ladung. Das könnten die ersten Schritte sein, mit unserem Was-ser achtsamer umzugehen.

Wenn Sie für den Garten bereits eine Zisterne aus Beton oder Plastik zum Auffangen des Regenwassers haben, bedenken Sie doch einmal, dass sich dieses Wasser auch wunderbar zum Waschen, Putzen und für die Toilettenspülung verwenden lässt. Zur Haltbarmachung genügt ent-weder ein energetisch arbeitendes System wie ein Magnetstab, eine aufgesetzte Pyramide oder Ähnliches. Sie können aber auch etwas Sil-berkolloid zugeben, wie wir es für die innere Anwendung bei Erkran-kungen durch Viren, Bakterien und Pilze kennen und schätzen. Diese Form des Silbers ist äußerst effektiv und sparsam und belastet den Kör-per bei sachgemäßer Anwendung nicht so stark wie die Silberzusätze in Filtern.

Wollen Sie Regenwasser zum Trinken und Kochen benutzen – wie ich es in Irland mache –, müssen Sie beachten, dass dieses Wasser, ebenso wie ein Destillat, keine Mineralien enthält und deshalb nicht ausschließlich und immer nur in Verbindung mit einer vollwertigen Ernährung getrunken werden sollte. Bei Angst vor Keimen können Sie es abkochen oder einige Tropfen *Aerobic Oxygen* – flüssig gebundener Sauerstoff – beigeben, die geschmacksneutral sind und das Wasser zusätzlich mit Sau-erstoff anreichern. Auch zum Waschen von Gemüse, Obst und Fleisch ist *Aerobic Oxygen* ideal – meine Patienten und ich schätzen natürlich am meisten seine regenerierende, Sauerstoff gebende Eigenschaft, da uns neben sauberem Wasser heute meist auch Sauerstoff in einer leicht resor-bierbaren Form fehlt. Wenn Sie in einer stark umweltbelasteten Gegend wohnen, sollten Sie das Regenwasser nicht zum Kochen benutzen, um eine zu starke Aufnahme von Giften und deren Informationen zu ver-meiden.

Verschmutzung vermeiden

Jeder Mensch gebraucht Wasser und hat deshalb Rücksicht zu nehmen auf die anderen Wasserbenutzer. (Europäische Wasser-Charta) Eine ganz wichtige Form des Wassersparens ist die Vermeidung von Verschmutzungen. Verwenden Sie bitte wenig, dafür gutes Waschpulver nach dem Baukastenprinzip, also genau passend zusammengestellt für Ihre Wasserqualität und den Verschmutzungsgrad Ihrer Wäsche. Geben Sie keine Gifte, Farben, Lösungsmittel oder andere Chemikalien in das Abwasser oder den Hausmüll, da dieser über die Deponie die Stoffe langfristig wieder an das Grundwasser abgibt. Benutzen Sie zum Putzen nur biologische Reinigungsmittel, meist reichen Essig und heißes Wasser. Kaufen Sie möglichst nur biologisch einwandfreie Lebensmittel ohne industrielle Aufbereitungen, da diese modernen Manipulationen mit Chemie, Bakterien, Pilzenzymen, Hitze und vielen zusätzlichen Veränderungen sehr stark zur Belastung unseres äußeren und inneren Wassers beitragen. Viele dieser synthetischen Stoffe können weder in der Natur noch in unserem Körper abgebaut werden, sie belasten unser Grundwasser, die Meere sowie unser Lymphsystem und führen zu vielfältigen Allergien, chronischen Entzündungen und Abwehrschwäche.

Vorratshaltung

Es fällt mir ein wenig schwer, Ihnen an dieser Stelle zu raten, für den Notfall einen ausreichenden Vorrat eines guten Flaschenwassers im Hause zu haben. Denn Angst verstärkt die eigentliche Gefahr; ängstliche Gedanken manifestieren sich ebenso wie positiver Glaube und aktiver Umweltschutz.

Wenn jedoch Vorratshaltung, dann sollten Sie bitte einen guten neuen Aktivkohlefilter, einen Magnetstab und eine Flasche Silberkolloid bereitstellen, um damit kontaminiertes Wasser optimal aufbereiten zu können.

Wassertherapien der Zukunft

Zum Abschluss möchte ich nochmals einige Wasser-Anwendungs-möglichkeiten ansprechen, die heute noch wenig bekannt sind und die Sie – jetzt oder später – leicht umsetzen können.

Jedes Wasser kann durch liebevolle Zuwendung, energetisch wirksame Substanzen, spezielle Strukturen und Formen und durch den tropfen-

weisen Zusatz von guten Wässern verbessert und neu „informiert" werden.

Es gibt bereits Lichtwässer, *Grander*-Wasser, *Hunza*-Wasser, unser *THE Water*, Bach-Blüten-Wasser, Edelsteinwässer und viele ähnliche Produkte. Sie selbst können sich aus dem Urlaub Meerwasser, Gletscherwasser oder Tauwasser von der gesunden Almwiese mitbringen. Probieren Sie farbbestrahltes Wasser ebenso aus wie Wasser, dessen negative Information Sie durch das Potenzieren zu einem persönlichen homöopathischen Medikament aufbereitet haben.

Schreiben Sie mir Ihre Erfahrungen, geben Sie sie an Freunde weiter und lassen Sie vor allen Dingen Kinder wieder in eine gute, achtsame Resonanz mit Wasser kommen.

Das wünsche ich Ihnen, mir und uns allen!

Alles ist aus dem Wasser geboren,
alles wird durch das Wasser erhalten.

Goethe

Anhang

Weiterführende Literatur

Gudrun Dalla Via, *Phänomen Wasser* (inkl. 5 Flaschen Wasser),
Köln, 1997
Dieter-R. Baumgart, *Unser täglich Wasser*, Ritterhude, 1993
Reinhold D. Will, *Geheimnis Wasser*, München, 1993
Michael Schiff, *Das Gedächtnis des Wassers*, Frankfurt, 1997

Bezugsquellen

Lotos-Aktivfilter:
Siegfried Schneider
Buntentorsteinweg 131/133
28201 Bremen

LC Quarzstab:
Heidi Conrad
Frankfurter Straße 31
63263 Neu-Isenburg

*Wasserfilter, Kalkumwandler,
Sauerstoffanreicherung:*
UTP Umwelttechnische Produkte
Nassaustraße 3
65719 Hofheim-Wallau

Vital Impex
Kirchstraße 16
78315 Radolfszell

Wasserregeneration:
Aquamedicus
Strombergerstraße 62
55444 Dörrebach

UVO Vertriebs KG
Archstraße 15
82467 Garmisch-Partenkirchen

Plocher Vertriebs GmbH
Postfach 1464
88704 Meersburg

Dagn-Umwelttechnik
Wiesenweg 2
83410 Laufen

Schiele-Kreislaufgerät:
Fritz Schiele
Arzneibäder-Fabrik GmbH
Industriestraße 16b
25462 Rellingen

Regenwassersysteme:
3P Technik GmbH
Theodor-Heuss-Straße 33
89547 Gerstetten

Magnetische Wasserbehandlung:
Dr. Michael Reich
Feldbergstraße 14 b
61279 Gräfenwiesbach 2

Martin-Wirbler:
Firma Jutta Fischer
Am Hinteren Feld 13
29683 Fallingbostel

Umkehr-Osmose:
ERA-Electronic GmbH
Daimlerstraße 2
77944 Friesenheim

Levitiertes Wasser:
Friedrich Hacheney
Am Königsberg 15
32756 Detmold

Markt-Kommunikation
Postfach 26
83621 Dietramszell

Aerobic Oxygen und Silberkolloid:
Ulla Kinon
BEARA CIRCLE
Castletownbere
co. Cork, Irland

Ausbildungskurse

Naturheilkundliche Kurse
Helmut Kinon
Kaplaneigasse 8
63225 Langen

Eine Auswahl aus dem Verlagsprogramm

RAT UND WISSEN

Bewerbung

Bewerbungsstrategien
1027-3, von Dr. W. Reichel,
128 S., kart.
DM 14,90

Initiativbewerbungen
2107-0, von Dr. W. Reichel,
128 S., kart.
DM 16,90

Legale Bewerbungstricks
60325-2, von V. S. Rottmann,
96 S., kart.
DM 12,90

Lebenslauf und Bewerbung
60007-5, von H. Friedrich,
112 S., kart.
DM 12,90

Bewerbung um einen Ausbildungsplatz
1936-X, von P.-J. Schneider,
M. Zindel, 112 S., kart.
DM 16,90

Bewerbungserfolg trotz schwacher Zeugnisse
60157-8, von A. Schieberle,
136 S., kart.
DM 14,90

Testtrainer Einstellungstests
4999-4, von Dr. W. Reichel,
136 S., geb.
DM 15,–
(limitierter Sonderpreis)

Vorstellungsgespräche
60012-1, von H. Friedrich,
144 S., kart.
DM 11,90

Arbeitszeugnisse
1444-9, von A. Nasemann,
136 S., kart.
DM 16,90

Rechtsratgeber für Arbeitnehmer
60258-2, von U. Teschke-Bährle, 160 S., kart.
DM 16,90

Beruf/Karriere

Selbstständigkeit und freie Mitarbeit
1891-6, von T. Hammer,
Dr. W. Kiefl, 144 S., kart.
DM 19,90

Erfolgreiche Existenzgründung
60285-X, von N. Rentrop,
192 S., kart.
DM 19,90

FALKEN Reihe: FALKEN & PITMAN MANAGEMENT
Ausstattung: zwischen 184 S.
und 248 S., Broschur
Preis: **DM 39,90**
4972-2 Die ersten 100 Tage als Chef
4973-0 Erfolgreiches Zeitmanagement
4976-5 Richtig delegieren
4971-4 Erfolgreiche Verhandlungtaktiken
4975-7 Die perfekte Präsentation

4974-9 Meetings erfolgreich steuern
7331-3 Marketing – eine Einführung
7329-1 Erfolgreich im Management
7330-5 Basiswissen für Führungskräfte
7328-3 Mitarbeitermotivation durch Empowerment
7362-3 Das souveräne Verhandlungsgespräch
7361-5 Erfolgsgeheimnis Teambildung

Lernhilfen/Schule

Erfolgreich im Beruf mit NLP
60288-4, von K. Grochowiak,
S. Haag, 104 S., kart.
DM 12,90

Handbuch Mathematik
4964-1, von W. Scholl,
R. Drews, 848 S., geb.
DM 69,90

Englische Grammatik
7341-0, von E. Henrichs-Kleinen, 288 S., geb.
DM 39,90

Gedächtnistraining mit Eselsbrücken
60060-1, von W. Ettig,
96 S., kart.
DM 12,90

Buchführung leicht gefaßt
60091-1, von H. R. Pohl,
104 S., kart.
DM 12,90

Schreiben lernen mit Schreibmaschine und PC
60055-5, von O. Fonfara,
112 S., kart.
DM 9,90

Kostenrechnung leicht gemacht
4826-2, von D. Machenheimer, 240 S., geb.
DM 39,90

FALKEN Reihe: Schülerhilfe
Ausstattung: zwischen 64 S.
und 172 S., kartoniert
Preis: zwischen **DM 14,90**
und **DM 29,90**
1834-7 Die neue deutsche Rechtschreibung
1890-9 Deutsche Grammatik
1783-9 Aufsatz
1623-9 Bruchrechnen
1569-0 Geometrie

1709-X Prozent- und Zinsrechnung
1570-4 Gleichungen und Ungleichungen

1888-6 Wurzeln und
Potenzen
1624-7 English Pronouns
1574-7 English Tenses
1784-7 If-Clauses & Co.

Recht/Wirtschaft/ Steuern

Was kostet mein Recht?
60234-5, von J. Mosler,
104 S., kart.
DM 12,90

Recht für Mieter
1932-7, von M. Gaida,
304 S., kart.
DM 29,90

Der FALKEN Bauherren-Ratgeber
4888-2, von W. Jung,
B. W. Klöckner, 352 S., kart.
DM 39,90

Ihr Recht als Vermieter
60243-4, von R. Richter,
P. J. Schneider, A. Pollert,
208 S., kart.
DM 16,90

Eheverträge
60037-7, von T. Münster,
226 S., kart.
DM 19,90

Erziehungsgeld, Mutterschutz, Erziehungsurlaub
60014-8, von J. Grönert,
192 S., kart.
DM 19,90

Scheidung und Unterhalt
60015-6, von T. Drewes,
220 S., kart.
DM 19,90

Gesetzliche und private Altersvorsorge
1847-9, von D. Rehahn,
H. A. Reichel, W. Schöttler,
192 S., kart.
DM 24,90

Wie hoch wird meine Rente?
60209-9, von K. Möcks,
A. Schmitt, 160 S., kart.
DM 16,90

Erbschaftsteuer aktuell
60324-4, von W. Ludwig,
128 S., kart.
DM 14,90

Testament und Erbschaft
2111-9, von T. Drewes,
R. Hollender, 296 S.,
englische Broschur
DM 29,90

Vermögensbildung mit Immobilien
1712-X, von W. Schwanfelder, 144 S., kart.
DM 24,90

Erfolg mit Aktien
1663-8, von A.-S. Rühle,
128 S., kart.
DM 16,90

Keine Angst vor dem Finanzamt
60064-4, von H. Vogt,
132 S., kart.
DM 16,90

Korrespondenz und Rhetorik

Der neue Briefsteller
60002-6, von I. Wolter-Rosendorf, 130 S., kart.
DM 12,90

Briefe und Reden für den Trauerfall
1789-8, von U. Wetter,
112 S., kart.
DM 16,90

Modernes Redetraining
1575-5, von Prof. Dr. R.
Brehler, 120 S., kart.
DM 19,90

Körpersprache
60096-2, von H. Rückle,
96 S., kart.
DM 12,90

Reden für Familienfeiern
60281-7, von G. Kurz,
112 S., kart.
DM 12,90

Lebensstil und Umgangsformen

Kreative Wohnideen
4889-0, von T. Eichhorn,
128 S., geb.
DM 39,90

Farbberatung für die Wohnung
4743-6, von G. Watermann,
128 S., geb.
DM 49,90

300 neue Frisuren
7359-3, von S. Ehlers,
128 S., geb.
DM 29,90

Krawatten
7319-4, von F. Chaille,
180 S., geb.,
mit Schutzumschlag
DM 89,90

Tücher und Schals perfekt binden
1898-3, von E. Weber-Lorkowski, 48 S., kart.
DM 14,90

Umgangsformen heute
4876-9, von H.-G. Schnitzer,
256 S., geb.
DM 29,90

Der gute Ton im Privatleben
60097-0, von R. Bartels,
104 S., kart.
DM 12,90

Feste feiern

Das große FALKEN-Buch zur Märchenhochzeit
7360-7, von A. Körner,
C. Ziegler, ca. 224 S., geb.
ersch. Juni 1998
ca. DM 49,90

Hochzeitsfeste mitgestalten
1790-1, von A. Wilke, B. Haß
104 S., kart.
DM 19,90

Tischdekorationen für die Hochzeit
1825-8, von H. Grob,
A. Henseler u.a., 64 S., kart.
DM 19,90

Blumenschmuck für das Brautpaar
4881-5, von H. Grob,
A. Henseler u.a., 80 S., geb.
DM 29,90

Neue Hochzeitsreden
60158-6, von S. Harland
112 S., kart.
DM 12,90

Feste feiern
4825-4, von C. Kast,
128 S., geb.
DM 39,90

Die neue Glückwunschfibel
60031-8, von R. Christian-Hildebrandt, 106 S., kart.
DM 9,90

Astrologie/Esoterik

Kinderhoroskop
60242-6, von W. Noé,
152 S., kart.
DM 14,90

RAT UND WISSEN · ESSEN UND TRINKEN

Liebes-Horoskop
60297-3, von W. Noé,
128 S., kart.
DM 12,90

Chinesisches Horoskop
60006-7, von G. Hadden-
bach, 86 S., kart.
DM 9,90

Das Indianische Horoskop
60294-9, von W. Noé,
128 S., kart.
DM 14,90

Wahrsagetechniken
60373-2, von G. Hadden-
bach, 144 S., kart.
DM 14,90

I Ging
60253-1, von R. Sorrell,
A. M. Sorrell,
224 S., kart.
DM 19,90

Reiki
60247-7, von B. Glaser,
U. Vogt, 128 S., kart.
DM 14,90

Traumdeutung
60045-8, von G. Hadden-
bach, 172 S., kart.
DM 12,90

UFOs über Deutschland
60319-8, von M. Hesemann
208 S., kart.
DM 19,90

Geheimlehren
60236-1, von N. Drury,
G. Tillet, 144 S., kart.
DM 16,90

Schutzengel
60333-3, von T. Keller,
D. Taylor, 144 S., kart.
DM 16,90

Auto/Führerschein

**Der neue Verwarn- und
Bußgeldkatalog**
60292-2, von F. Littek,
126 S., kart.
DM 12,90

**Der Test-Knacker
bei Führerscheinverlust**
2113-5, von T. Rieh,
128 S., kart.
DM 19,90

**Prüfungsfragen und
Prüfungsbogen für den
Führerschein Kl. 3**
1490-2, 104 S., kart.
DM 19,90

Trennkost

Trennkost für 1 Person
4851-3, von U. Summ,
112 S., geb.
DM 29,90

**Trennkost leichtgemacht
für Berufstätige**
4890-4, von U. Summ,
128 S., geb.
DM 29,90

**Das große Buch der
Trennkost**
4498-4, von U. Summ,
128 S., geb.
DM 29,90

**Das Beste aus Ursula
Summs Trennkost-Küche**
4985-4, von U. Summ,
160 S., geb.
DM 29,90

**Trennkost aus ärztlicher
Sicht**
60259-0, von Dr. med.
T.-M. Heintze, 84 S., kart.
DM 12,90

**Erfolgreich schlank durch
die Trennkost-6-Wochen-Kur**
1968-8, von U. Summ,
104 S., kart.
DM 19,90

**Die aktuelle Trennkost-
Tabelle**
1871-1, von U. Summ,
80 S., Flexcover
DM 14,90

Länderküche

Provence
7365-8, von U. Skadow,
S. Dickhaut, 224 S., geb.,
mit Schutzumschlag
DM 49,90

Italienische Küche
4830-0, von M. Kaltenbach,
R. Simeone, 224 S., geb.,
mit Schutzumschlag
DM 49,90

Chinesische Küche
7304-6, von H. Fu-Lung,
224 S., geb.,
mit Schutzumschlag
DM 49,90

Thailand
4945-5, von B. Aepli,
128 S., geb.,
mit Schutzumschlag
DM 34,90

Indien
7370-4, von S. Dhawan,
128 S., geb.,
mit Schutzumschlag
DM 39,90

Englische Landhausküche
4981-1, von D. Watkins,
J. J. Watkins, 128 S., geb.,
mit Schutzumschlag
DM 39,90

Amerikanische Küche
7308-9, von C. Stevenson Jr.,
P. Niebergall, 128 S., geb.,
mit Schutzumschlag
DM 39,90

Kochen

Unsere Kochschule
4959-5, von M. Kaltenbach,
F. W. Ehlert, 306 S., geb.
DM 25,–
(limitierter Sonderpreis)

FALKEN Reihe:
Rezepte! Rezepte!! Rezepte!!!
Ausstattung: 96 S., kart.
Preis: DM 16,90
1937-8 Krabben, Garnelen
& Co.
1994-7 Chili, Peperoni
& Co.
1944-0 Pastinaken, Kürbis
& Co.

1941-6 Pizza, Quiche und
Tarte
1939-4 Feta, Mozzarella
& Co.
1940-8 American Cookies

FALKEN Reihe: ErlebnisKüche
Ausstattung: 128 S., geb.,
mit Schutzumschlag
Preis: DM 34,90
4944-7 Nudeln
4946-3 Raclette und
heißer Stein
7315-1 Fondues
4984-6 Aufläufe und Gratins
4982-X Salate

ESSEN UND TRINKEN · MENSCH UND GESUNDHEIT

**Johann Lafer kocht –
Neue Rezepte**
7306-2, von Johann Lafer,
160 S., geb.
DM 39,90

Iß und trink und liebe
7303-8, von K. Ottenbach,
72 S., geb.,
mit Schutzumschlag
DM 49,90

Preiswert kochen
60025-3, von E. Fuhrmann,
136 S., kart.
DM 12,90

**Vegetarische Gerichte
aus aller Welt**
4977-3, von A. Ilies,
224 S., geb.,
mit Schutzumschlag
DM 49,90

**Rezepte mit Joghurt,
Kefir & Co.**
60068-7, von G. Volz,
104 S., kart.
DM 12,90

Vollwertküche für Genießer
4815-7, von Prof. Dr.
C. Leitzmann, H. Million,
256 S., geb.
DM 39,90

Das essen Kinder gern
4978-1, von A. Brenner,
128 S., geb.
DM 29,90

Gerichte für Diabetiker
60033-4, von M. Oehlrich,
108 S., kart.
DM 12,90

**Cholesterinarm kochen
und genießen**
4442-9, von R. Unsorg,
168 S., geb.
DM 49,90

**Fettarm kochen –
Abnehmen mit Genuß**
4866-1, von G. Hölz,
H. Million, 128 S., geb.
DM 39,90

Getränke

FALKEN Mixbuch
4733-9, Hrsg.: P. Bohrmann,
560 S., geb.
DM 39,90

Weinlexikon
4942-0, von Dr. H. Ambrosi,
384 S., geb.
DM 39,90

Meine Lieblingsweine
7364-X, von M. Broadbent,
224 S., geb.,
mit Schutzumschlag
DM 89,-

**Wein richtig genießen
lernen**
4809-2, von H. Ambrosi,
I. Swoboda, 128 S., geb.
DM 29,90

Mein Hobby Wein
7309-7, von R. Kriesi,
128 S., geb.
DM 34,90

**Was Weinfreunde wissen
wollen**
7342-9, von Prof. Dr.
K. Röder u.a., 192 S., geb.
DM 29,90

ElternRatgeber

Wir werden Eltern
7353-4, von B. Nees-Delaval,
416 S., geb.
DM 39,90

Die schönsten Vornamen
4755-X, von Dr. D. Voor-
gang, 200 S., geb.
DM 19,90

Die Kunst des Stillens
60084-9, von Prof. Dr. med.
E. Schmidt, S. Brunn,
110 S., kart.
DM 12,90

Das erste Jahr mit dem Baby
4884-X, von Dr. med.
M. Weber, 144 S., geb.
DM 39,90

Wenn Kinder krank werden
7316-X, von B. Nees-Delaval,
240 S., geb.
DM 39,90

**Mein Kind ist krank,
so hilft die Natur**
4761-4, von Dr. med.
H. Wachtl, 160 S., geb.
DM 39,90

Menschen und Gesundheit

Heilpflanzen
4954-4, von A. Eckart,
Dr. G. Eckert, 176 S., geb.
DM 39,90

**Blütentherapie nach
Dr. Bach**
60019-9, von I. Wenzel,
96 S., kart.
DM 9,90

**Traditionelle Chinesische
Medizin**
60312-0, von Dr. med.
C. Kunkel, 118 S., kart.
DM 14,90

**Chinesische Fünf-Elemente-
Ernährung**
68005-2, von Dr. med.
C. Kunkel, 144 S., kart.
DM 29,90

Allergien
60057-1, von G. Leibold,
100 S., kart.
DM 12,90

Neurodermitis
1649-2, von Prof. Dr. med.
phil. S. Borelli, Prof. Dr.
med. J. Rakoski, 136 S., kart.
DM 24,90

Schuppenflechte
1467-8, von Prof. Dr. med.
phil. S. Borelli, Prof. Dr.
med. R. Engst, 102 S., kart.
DM 19,90

Teebaumöl
1878-9, von S. Poth,
Prof. Dr. J. Reichling,
96 S., kart.
DM 19,90

**Natürlich entgiften mit der
Öl-Zieh-Kur**
60391-0, von I. Hammel-
mann, 88 S., kart.
DM 10,90

**Die sagenhafte Heilkraft
der Papaya**
60396-1, von H. Tietze,
80 S., kart.
DM 12,90

ISBN-Bestandteil: 3-8068- / bei Buchnummern, die mit der Ziffer 6 beginnen, lautet der ISBN-Bestandteil: 3-635-

Heilen und Vorbeugen mit Wein
60311-2, von Dr. med.
F.-A. Graf von Ingelheim,
I. Swoboda, 96 S., kart.
DM 14,90

Grapefruitkern-Extrakt für Gesundheit und Kosmetik
60379-1, von R. Knoller,
80 S., kart.
DM 12,90

Rheuma
60040-7, von Prof. Dr. med.
K. Gräfenstein, 108 S., kart.
DM 14,90

Gymnastik für die Halswirbelsäule
1610-7, von J. Engelmann,
96 S., kart.
DM 19,90

Streß bewältigen durch Entspannung
60070-9, von Dr. med.
Ch. Schenk, 122 S., kart.
DM 14,90

Positives Denken und Entspannungstechniken
60305-8, von Dr. med.
C. Schenk, 112 S., kart.
DM 12,90

Augentraining
1616-6, von M. Gollub,
Hrsg.: K. Haak, 96 S., kart.
DM 24,90

Massage
60038-5, von K. Schutt,
78 S., kart.
DM 12,90

Akupressur
1231-4, von F. T. Lie,
192 S., kart.
DM 29,90

Fußsohlenmassage
60036-9, von G. Leibold,
96 S., kart.
DM 11,90

Yoga
60093-8, von U. Thomsen,
104 S., kart.
DM 12,90

Sport

FALKEN Lexikon für Pferdefreunde
7352-6, von G. Wöckener,
320 S., geb.,
mit Schutzumschlag
ersch. Mai 1998
DM 69,90

FALKEN Reihe:
Ratgeber für Reiter
Ausstattung: zwischen 128 S.
und 176 S., geb. oder kart.
Preis: zwischen **DM 29,90**
und **DM 39,90**
4797-5 Ich will reiten lernen
4845-9 Junge Pferde selbst
ausbilden
4871-8 Reiten für Einsteiger
4716-9 Reiten auf
Gangpferden
4949-8 Wie verstehe ich
mein Pferd?

Golf. Die frühen Jahre
7339-9, von D. Concannon,
144 S., geb.,
mit Schutzumschlag
DM 69,90

Der Schwung
4784-3, von O. Heuler,
128 S., geb.
DM 29,90

Fehler & Korrekturen
4872-6, von O. Heuler,
144 S., geb.
DM 39,90

FALKEN Reihe: Sportregeln
Ausstattung: zwischen 96 S.
und 128 S., kart.
Preis: zwischen **DM 16,90**
und **DM 24,90**
1676-X Basketball
1674-3 Pool-Billard
2135-6 Fußball
1754-5 Eishockey
1755-3 Tennis
1807-X Badminton

Tauchen
4955-2, von S. Müßig,
128 S., geb.
DM 39,90

Tennistraining mit System
4878-5, von A. Ferrauti,
P. Maier, K. Weber,
192 S., geb.
DM 49,90

Billard
1313-2, von Dr. H. Stingl,
112 S., kart.
DM 29,90

Aggressive In-Line-Skating
1836-3, von U. Sauter u.a.,
96 S., kart.
DM 24,90

Snowboarding
1860-6, von A. Hebbel-
Seeger, 112 S., kart.
DM 29,90

Angeln
60080-6, von E. Bondick,
80 S., kart.
DM 12,90

Tanzen
4948-X, von P. Wolff,
192 S., geb.
DM 49,90

Fitness/Gymnastik

Fitness-Boxen
1671-9, von F. Kürzel,
P. Wastl, 96 S., kart.
DM 24,90

Fit mit Ayurveda
60260-4, von J. Douillard,
208 S., kart.
DM 19,90

Stretching
60085-7, von E. Kleila,
64 S., kart.
DM 9,90

Muskeltraining zu Hause
60100-4, von A. Balk,
128 S., kart.
DM 14,90

Kampfsport

Aikido
2120-8, von R. Brand,
280 S., kart.
DM 24,90

Judo
0305-6, von M. Ohgo,
206 S., kart.
DM 24,90

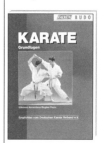

Karate Grundlagen
1863-0, von E. Karamitsos,
B. Pejcic, 144 S., kart.
DM 29,90

25 Shotokan-Katas
2125-7, von A. Pflüger,
88 S., kart.
DM 24,90

Bruce Lee – Sein Leben und Kampf
0392-7, von L. Lee,
136 S., kart.
DM 24,90

DO IT YOURSELF U. TECHNIK · KREATIVES GESTALTEN · SPIELE U. DENKSPORT

Bruce Lees Kampfstil 1
0473-7, von B. Lee,
M. Uyehara, 112 S., kart.
DM 9,90

Bruce Lees Kampfstil 2
0486-9, von B. Lee,
M. Uyehara, 128 S., kart.
DM 12,90

Dynamische Tritte
1683-2, von G. Chung,
C. Rothrock, 128 S., kart.
DM 16,90

Taekwondo
0347-1, von K. Gil,
152 S., kart.
DM 16,90

Ninja
1161-X, von A. Adams,
192 S., kart.
DM 19,90

Heimwerken/Technik

FALKEN Reihe: Do it yourself
Ausstattung: zwischen 80 S.,
und 104 S., kart.
Preis: **DM 19,90**
1665-4 Reparaturen in Haus
und Garten
1159-8 Betonieren, Mauern,
Fliesen
1857-6 Bäder ausbauen und
modernisieren

1118-0 Sanitärinstallationen
1799-5 Fliesen legen
1855-X Tapezieren und
Streichen
1841-X Dachausbau
1995-5 Innenausbau mit
System
1859-2 Elektroarbeiten
1716-2 Sicherheit an der
Haustür

Heimwerken
4983-8, von T. Pochert,
416 S., geb.
DM 49,90

Foto/Video

Moderne Fotopraxis
7310-0, von G. Koshofer,
Prof. H. Wedewardt,
240 S., geb.
DM 49,90

Zeichnen und Malen

Kreativ zeichnen
4688-X, von B. Bagnall,
176 S., geb.
DM 39,90

Aquarellmalerei
4529-8, von Prof. W. Wrisch,
136 S., kart.
DM 39,90

Kalligraphie
1044-3, von I. Schade,
80 S., kart.
DM 19,90

Airbrush
1133-4, von C. M. Mette,
80 S., kart.
DM 19,90

Seidenmalerei

Lexikon der Seidenmalerei
4737-1, von K. Huber,
208 S., geb.
DM 49,90

Aquarellieren auf Seide
4842-4, von Shahida,
112 S., kart.
DM 39,90

**Einführung in die
Seidenmalerei**
0611-X, von R. Henge,
88 S., kart.
DM 19,90

Malen auf Seide
4941-2, von C. Köhl,
Shahida, 112 S., geb.
DM 29,90

Verschiedene Techniken

Alles aus Wellpappe
1430-9, von I. Kasperek,
64 S., kart.
DM 19,90

Landhausstil
7332-1, 128 S., geb.
DM 34,90

Artischockentechnik
1682-4, von M. von
Perbandt, K. Teuber,
64 S., kart.
DM 19,90

Patchwork und Quilt
4803-3, von I. Kahmann
u.a., 112 S., geb.
DM 29,90

Nähen
4709-6, von S. von Rudzinski,
176 S., geb.
DM 39,90

Perfekt Stricken
4821-1, von H. Jaacks,
224 S., geb.
DM 39,90

Töpfern ohne Scheibe
0896-1, von A. Riedinger,
80 S., kart.
DM 19,90

**Dekorieren und Gestalten
mit Naturmaterialien**
4748-7, von E. Dommers-
hausen u.a., 128 S., geb.
DM 29,90

Stempeln
1823-1, von E. Metz,
P. Läpple, 80 S., kart.
DM 19,90

Freundschaftsbänder
1720-0, von A. Neeb,
E. Walch u.a., 64 S., kart.
DM 19,90

**Bücher, Alben, Schachteln
selbermachen**
4772-X, von P. Baumgartner,
96 S., geb.
DM 29,90

**Geldgeschenke und
Geschenkgutscheine**
1684-0, von S. Haenitsch-
Weiß, 64 S., kart.
DM 19,90

Spiele/Denksport

Bridge für Einsteiger
1691-3, von B. Ludewig,
104 S., kart.
DM 16,90

Doppelkopf
1828-2, von U. Vohland,
96 S., kart.
DM 16,90

Kartenspiele
7333-X, von M. Mala,
176 S., geb.
DM 29,90

Backgammon für Einsteiger
1690-5, von M. B. Fischer,
E. Heyken, 104 S., kart.
DM 16,90

ISBN-Bestandteil: 3-8068- / bei Buchnummern, die mit der Ziffer 6 beginnen, lautet der ISBN-Bestandteil: 3-635-

Patiencen
60020-2, von I. Wolter-
Rosendorf, 112 S., kart.
DM 12,90

Poker
60225-6, von C. D. Grupp,
112 S., kart.
DM 12,90

Schach für Einsteiger
1724-3, von E. Heyken,
120 S., kart.
DM 19,90

Spielideen für Partys
1725-1, von E. und
H. Bücken, 88 S., kart.
DM 16,90

**111 Spielideen, das
Gedächtnis zu trainieren**
1829-0, von T. Werneck,
96 S., kart.
DM 16,90

**Knobeleien und
Denksportaufgaben**
60099-7, von K. Rechberger,
100 S., kart.
DM 12,90

Ratgeber für Kinder

FALKEN Reihe:
Ratgeber für Kinder
Ausstattung: zwischen 48 S.,
und 64 S., geb.
Preis: **DM 19,90**
4897-1 Mein Mutmachbuch
4898-X Mein Krankenhaus-
buch
4896-3 Mein erstes
Pferdebuch

7337-2 Mein erstes Reitbuch
4991-9 Mein Kochbuch
4990-0 Mein Ballettbuch
4900-5 Mein Fußballbuch
4938-2 Mein Fahrradbuch
7335-6 Mein erstes
Inline-Skating-Buch
4894-7 Mein Katzenbuch
4939-0 Mein Hundebuch

4993-5 Mein Hamsterbuch
7324-0 Mein Wellensittich-
buch
7338-0 Mein Meer-
schweinchenbuch
4992-7 Wenn meine Eltern
sich trennen

Kinderbeschäftigung

**Das neue
Bastelbuch für Kinder**
4893-9, von U. Barff,
I. Burkhardt, J. Maier,
208 S., geb.
DM 39,90

**Basteln mit Pappe und
Papier**
4843-2, Hrsg.: U. Barff,
112 S., geb.
DM 29,90

Schminken und Verkleiden
4773-8, von W. Stelzen-
hammer, Hrsg.: U. Barff,
128 S., geb.
DM 29,90

**Spielen mit einfachen
Sachen**
4994-3, von A.-G. Patz,
D. Patz, 112 S., geb.
DM 29,90

**Tanz-, Kreis- und
Bewegungsspiele**
7343-7, von A.-G. und
D. Patz, 112 S., geb.
DM 29,90

Spiele für Kleinkinder
60022-9, von D. Keller-
mann, 104 S., kart.
DM 12,90

**Kinderleichte Kochrezepte
für kleine Leute**
4850-5, von K. Müller-Urban,
128 S., geb.
DM 19,90

Garten

**Die große FALKEN
Gartenschule**
7354-2, von J. Breschke u. a.,
560 S., geb.,
mit Schutzumschlag
DM 79,90

FALKEN Gartenjahr
7355-0, von K. Greiner,
A. Weber, P. Michaeli-
Achmühle, 320 S., geb.
DM 39,90

100 englische Gärten
4885-8, von P. Taylor,
216 S., geb.,
mit Schutzumschlag
DM 79,–

Bauerngärten
4786-X, von U. Krüger,
128 S., geb.
DM 39,90

Naturgärten
4967-6, von J. Korz,
240 S., geb.
DM 69,90

**Gartengestaltung mit
Phantasie**
7318-6, von K. Greiner,
Dr. A. Weber, 208 S., geb.,
mit Schutzumschlag
DM 79,90

**Blumen, Stauden,
Ziergehölze**
4753-3, von K. Greiner,
Dr. A. Weber, 384 S., geb.
DM 69,90

FALKEN Lexikon Gartenteich
4778-9, von I. Polaschek,
A. Fischer-Nagel,
216 S., geb.
DM 49,90

Grüner wohnen
4886-6, von U. Krüger,
144 S., geb.,
mit Schutzumschlag
DM 49,90

Tiere

**Katzen auf natürliche
Weise heilen**
7314-3, von Dr. med. vet.
C. Möller, 128 S., geb.
DM 29,90

Richtige Katzenernährung
1869-X, von H. Wenzel,
96 S., kart.
DM 16,90

Wellensittiche
1813-4 von H. Bielfeld
96 S., kart.
DM 16,90

Alles über Kanarienvögel
0901-1, von H. Schnoor,
64 S., kart.
DM 14,90

Zwergkaninchen
1680-8, von M. Mettler,
96 S., kart.
DM 16,90

Zwerg- und Goldhamster
1734-0, von M. Mettler,
96 S., kart.
DM 16,90

Meerschweinchen
1812-6, von M. Mettler,
96 S., kart.
DM 16,90

Das Süßwasseraquarium
4752-5, von Dr. med. vet.
J. Etscheidt, 224 S., geb.
DM 49,90

Terrarium
7313-5, von W. Ullrich,
128 S., geb.
DM 29,90

FALKEN Reihe:
Hundebibliothek
Ausstattung: zwischen 80 S.
und 112 S., kartoniert
Preis: zwischen **DM 14,90**
und **DM 19,90**

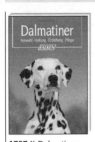

1757-X Dalmatiner
1756-1 Dackel
1677-8 Labrador, Retriever
1644-1 Neufundländer und
Landseer
1596-8 Boxer
1513-5 Schäferhunde
1514-3 West Highland White
Terrier
1808-8 Setter
1866-5 Siberian Husky
1809-6 Hovawart

1990-4 Tibet Terrier
1811-8 Foxterrier
1512-7 Streuner und
Tierheimhunde
1604-2 Hundekrankheiten
erkennen und behandeln
1991-2 Mit dem Hund in
den Urlaub
1810-X Rechtsratgeber für
Hundehalter

Das neue Hundebuch
60079-2, von W. Busak,
124 S., kart.
DM 14,90

**Erfolgreiche
Hundeerziehung**
4808-4, von U. Birr,
144 S., geb.
DM 29,90

Reisevideo

FALKEN Reihe: Reisevideos
Ausstattung: VHS, ca. 60 Min.
Laufzeit, in Farbe
Preis: **DM 39,95***

FALKEN hat Reisevideos zu
über 70 Urlaubszielen in
aller Welt von **A** bis **Z**

6249-4 Amsterdam

6226-5 Neuseeland

6206-0 Zypern

ISBN-Bestandteil: 3-8068- / bei Buchnummern, die mit der Ziffer 6 beginnen, lautet der ISBN-Bestandteil: 3-635-

BESTELLSCHEIN

Hiermit bestelle ich aus dem Programm der Verlagsgruppe
FALKEN, Postfach 11 20, D-65521 Niedernhausen, **durch die Buch-
handlung:**

Falls durch besondere Umstände Preisänderungen notwendig werden,
erfolgt Auftragserledigung zu dem bei der Lieferung gültigen Preis.
(Soweit gesetzlich nicht anders vorgesehen, ist der Erfüllungsort und Gerichts-
stand der jeweilige Sitz der Lieferfirma).

Anzahl	Bestell-Nr.:	Titel	Einzelpreis	Gesamtpreis
			Summe	

Name: _____ Straße: _____ zzgl. Porto- und Versandkosten

Ort: _____

Datum: _____ Unterschrift: _____
(Bei Jugendlichen der gesetzliche Vertreter)

FTB-V V F '98

Werbemittel-Nr. 99143

Der Spezialist für nützliche Bücher und Videos